本书是浙江省自然科学基金资助项目《交通事故影响下的城市路网拥堵传播规律及控制策略研究》《基于强化学习的城市路网偶发性交通拥堵控制策略研究》（批准号 LQ15E080005，LY18E080021）的成果之一

基于元胞自动机的城市路网交通流建模与仿真

施俊庆 著

电子工业出版社·
Publishing House of Electronics Industry
北京·BEIJING

内 容 简 介

本书系统地分析了元胞自动机交通流模型的研究现状，构建了若干不同类型的城市路网交通流元胞自动机模型，研究了城市路网交通流的动态特性和路网容量的影响因素，分析了交通事故、道路施工和大型活动等交通事件影响下的城市路网拥堵特性，提出了偶发性交通拥堵的控制方法，探索了车路通信环境下的交叉口生态驾驶行为。

本书可作为高等院校交通运输工程等专业的研究生教材和高年级本科生选修教材，也可供从事交通流理论及其相关研究的科技工作者及交通软件开发人员参考。

未经许可，不得以任何方式复制或抄袭本书之部分或全部内容。
版权所有，侵权必究。

图书在版编目（CIP）数据

基于元胞自动机的城市路网交通流建模与仿真 / 施俊庆著. —北京：电子工业出版社，2022.5
ISBN 978-7-121-43474-7

Ⅰ. ①基… Ⅱ. ①施… Ⅲ. ①城市道路－交通流－交通模型－研究②城市道路－交通流－系统仿真－研究 Ⅳ. ①U491.1

中国版本图书馆 CIP 数据核字（2022）第 085127 号

责任编辑：管晓伟　　特约编辑：王　欢
印　　刷：北京市大天乐投资管理有限公司
装　　订：北京市大天乐投资管理有限公司
出版发行：电子工业出版社
　　　　　北京市海淀区万寿路 173 信箱　邮编 100036
开　　本：720×1 000　1/16　印张：9.25　字数：237 千字
版　　次：2022 年 5 月第 1 版
印　　次：2022 年 5 月第 1 次印刷
定　　价：100.00 元

凡所购买电子工业出版社图书有缺损问题，请向购买书店调换。若书店售缺，请与本社发行部联系，联系及邮购电话：(010) 88254888，88258888。
质量投诉请发邮件至 zlts@phei.com.cn，盗版侵权举报请发邮件至 dbqq@phei.com.cn。
本书咨询联系方式：(010) 88254460；guanphei@163.com。

前 言

研究城市路网交通流的动态特性，揭示交通拥堵的形成机理、传播规律和消散机制，能为城市交通问题的解决提供理论依据。元胞自动机模型是研究城市路网交通流动态特性的一个有效工具，能够再现许多重要的交通流特征。本书由浙江师范大学施俊庆撰写，构建了若干不同类型的城市路网交通流元胞自动机模型，研究了城市路网交通流的动态特性、交通事件影响下的城市路网拥堵特性与控制方法，以及车路通信环境下的生态驾驶行为，希望能将作者在基于元胞自动机的城市路网交通流建模与仿真研究中获得的研究成果反映出来，给读者一些参考。具体而言，本书的主要内容包括如下五个方面。

（1）城市路网交通流动态特性

改进了元胞自动机模型，定义了车辆的 OD 属性和路径选择行为，建立了城市路网的评价指标体系，构建了无信号控制和信号控制的双向两车道路网元胞自动机模型。路段上的车辆采用双向交通的两车道模型规则进行更新。交叉口处的车辆按照所处的位置，确定优先通行权。同时，为了避免车辆在交叉口的死锁，提出了一个避碰规则。数值模拟结果表明，城市路网交通流基本图与道路交通流非常相似；随机慢化概率和期望车速对路网交通流的影响随着路网交通密度的增加而减弱；借反向车道超车的行为会降低路网车速，增加路网拥堵的可能性；在低密度时，信号控制会降低路网车速；最佳信号周期时长随着路网交通密度的增加而增加，趋向于某一固定值。

（2）大型活动影响下的城市路网拥堵特性及控制方法

构建了双向四车道路网元胞自动机模型。交叉口处的车辆在遇到冲突车流时，按照所处的位置确定是否具有优先通行权。利用该模型研究了城市路网容量的影响因素，模拟了大型活动进场和散场时对路网交通流的影响。数值模拟结果表明，路网容量随着路网规模的增加而增加，但是路网容量的增加幅度要小于路网规模的增加幅度；路网容量与路网结构密切相关，路网容量随着交叉口数量的减少和路段长度的增加而上升；提高车辆的起讫点分布与路网的匹配程度能提高路网容量；禁止换道和频繁换道都会降低路网容量，换道成功率随着路网交通密度的增加而下降；信号控制能够提高路网容量，在密度较低时，信号控制下的路网车速低于无信号控制下的路网车速，在密度较高时则正好相反；大型活动进场和散场时分别会导致不同的路段车速下降；路网拥堵随着活动规模和背景交通量的增加而加剧；限制日常出行和引导活动参与者错时出行能够提高路网车速，缓解交通拥堵。

（3）道路施工影响下的城市路网拥堵特性及控制方法

构建了环形交叉口路网元胞自动机模型。每个路段由直行、左转和右转三条车道组成，车辆根据其在前方交叉口的转向和超车的需要在禁止变换车道线前换道。交叉口处的车辆按照环形交叉口的运行规则进行更新。利用该模型分析了交通诱导环境下的车辆路径选择行为，研究了道路施工对城市路网交通流的影响。数值模拟结果表明，动态路径诱导能够降低出行时耗，利于交通流在路网上的均匀分布，提高路网容量；路径诱导的效果取决于路径诱导的方式、服从诱导的比例、诱导周期的长短及路网交通密度的大小；路网车速随着封闭车道数量和施工路段数量的增加而下降；半封闭施工时，交通分流能缓解交通拥堵，但是绕行车辆的比例存在一个最佳值；动态路径诱导能有效缓解道路施工时绕行路段的交通拥堵。

（4）交通事故影响下的城市路网拥堵特性及控制方法

构建了双向六车道路网元胞自动机模型。路段上的车辆按照四种换道规则进行换道，交叉口前的车辆根据信号灯状态和交叉口内的冲突车流情况决定是否进入交叉口。该模型充分考虑了交叉口各方向冲突车流的影响,能够更加真实地反映交叉口的车流运行状态,既能体现交通事故发生时交通拥堵在路网上的传播和消散,又能反映车辆的路径选择行为对路网拥堵的影响。研究结果表明,交通事故对路网拥堵的影响程度随着背景交通量、封闭车道数量和事故持续时间的增加而增加,随着与路网中心的距离和与上游交叉口的距离增加而减小;信号控制能弱化交通事故对路网拥堵的影响;临时车辆禁行和动态路径诱导能有效缓解交通拥堵;车辆禁行开始的时间对拥堵控制效果具有重要的影响。

(5)基于元胞自动机的生态驾驶行为仿真

基于改进的元胞自动机模型建立了一个车路通信环境下的交叉口仿真平台,利用强化学习技术建立了车辆行驶轨迹与当前状态之间的最佳映射关系,采用当前时刻车辆与交叉口的距离、信号灯状态和车辆速度等参数来描述车辆的状态特征,使用加速、减速和匀速作为车辆的动作,利用车辆运行过程中的二氧化碳排放量和停车次数作为车辆控制策略的奖惩依据,采用 Q 学习算法优化车辆的驾驶行为,实现生态驾驶,利用 CO_2、CO、HC、NO_x 等尾气排放量和行程时间、停车时间、停车率等交通参数来评价生态驾驶行为的实施效果。仿真结果表明,通过强化学习获得的生态驾驶行为不仅可以减少尾气排放,还可以优化通行效率。

目 录

第1章 绪论 ··· 001
  1.1 研究背景和意义 ··· 002
  1.2 交通流元胞自动机模型的相关研究 ·· 003
      1.2.1 路段元胞自动机模型 ·· 004
      1.2.2 交叉口元胞自动机模型 ··· 006
      1.2.3 路网元胞自动机模型 ·· 007
      1.2.4 元胞自动机模型研究展望 ·· 012

第2章 城市路网交通流动态特性 ·· 013
  2.1 引言 ·· 014
  2.2 路网定义与评价指标 ·· 015
      2.2.1 参数定义 ·· 015
      2.2.2 路网定义 ·· 018
      2.2.3 路网评价指标 ··· 020
  2.3 无信号控制的双向两车道路网元胞自动机模型 ························· 023
      2.3.1 模型 ··· 023
      2.3.2 模拟结果及分析 ·· 028
  2.4 信号控制的双向两车道路网元胞自动机模型 ···························· 034
      2.4.1 模型 ··· 035
      2.4.2 模拟结果及分析 ·· 036
  2.5 本章小结 ··· 039

第3章 大型活动影响下的城市路网拥堵特性及控制方法 ········· 041

3.1 引言 ········· 042
3.2 双向四车道路网元胞自动机模型 ········· 043
    3.2.1 双向四车道车辆更新规则 ········· 043
    3.2.2 交叉口处的车辆更新规则 ········· 046
3.3 城市路网容量 ········· 048
    3.3.1 路网规模对路网容量的影响 ········· 049
    3.3.2 路网结构对路网容量的影响 ········· 050
    3.3.3 OD 分布对路网容量的影响 ········· 052
    3.3.4 换道概率对路网容量的影响 ········· 053
    3.3.5 信号控制对路网容量的影响 ········· 055
3.4 大型活动模拟及分析 ········· 056
    3.4.1 背景交通量的影响 ········· 056
    3.4.2 活动规模的影响 ········· 059
3.5 交通拥堵控制方法 ········· 059
    3.5.1 限制出行 ········· 059
    3.5.2 错时出行 ········· 060
3.6 本章小结 ········· 061

第4章 道路施工影响下的城市路网拥堵特性及控制方法 ········· 065

4.1 引言 ········· 066
4.2 环形交叉口路网元胞自动机模型 ········· 066
    4.2.1 路段上的车辆更新规则 ········· 067
    4.2.2 环形交叉口车辆更新规则 ········· 069
4.3 交通诱导环境下的车辆路径选择行为 ········· 071
    4.3.1 路径诱导方式的影响 ········· 073
    4.3.2 路径诱导周期的影响 ········· 074
    4.3.3 服从诱导比例的影响 ········· 076
    4.3.4 路径诱导对交通流分布的影响 ········· 077
    4.3.5 路径诱导对出行时耗的影响 ········· 079
    4.3.6 路径诱导对路网容量的影响 ········· 079

4.4	道路施工模拟及分析	080
	4.4.1 封闭车道数量的影响	081
	4.4.2 施工路段数量的影响	082
4.5	交通拥堵控制方法	083
	4.5.1 交通分流	083
	4.5.2 动态路径诱导	084
4.6	本章小结	085

第5章 交通事故影响下的城市路网拥堵特性及控制方法 087

5.1	引言	088
5.2	双向六车道路网元胞自动机模型	089
	5.2.1 双向六车道车辆更新规则	089
	5.2.2 交叉口处的车辆更新规则	093
5.3	交通事故模拟及分析	097
	5.3.1 交通事故发生时的背景交通量	097
	5.3.2 交通事故在路网中所处的位置	100
	5.3.3 交通事故与上游交叉口的距离	102
	5.3.4 交通事故严重程度	104
	5.3.5 交通事故持续时间	106
	5.3.6 交叉口控制方式	108
5.4	交通拥堵控制方法	109
	5.4.1 临时车辆禁行	109
	5.4.2 动态路径诱导	110
5.5	本章小结	113

第6章 基于元胞自动机的生态驾驶行为仿真 115

6.1	引言	116
6.2	基于元胞自动机的生态驾驶仿真平台	117
6.3	车辆状态和动作集合	118
6.4	Q-learning 算法	119
6.5	仿真与评价	121
	6.5.1 仿真设置与参数	121
	6.5.2 训练过程	123

6.5.3　交叉口仿真与评价 …………………………………… 123
　　6.5.4　路网仿真与评价 ……………………………………… 127

参考文献 …………………………………………………………… 130
后记 ………………………………………………………………… 138

第1章

绪　论

1.1 研究背景和意义

交通拥堵是城市交通问题的突出表现。交通拥堵导致车辆只能在低速状态下行驶，使得机动车尾气排放成为空气污染的重要来源之一。根据《中国移动源环境管理年报(2021年)》，2020年，我国机动车四项污染物排放总量为1593.0万吨，其中氮氧化物（NOx）626.3万吨，碳氢化合物（HC）190.2万吨，一氧化碳（CO）769.7万吨，颗粒物（PM）6.8万吨。同时，机动车尾气排放也是二氧化碳的重要来源之一。2020年，全世界二氧化碳排放总量约为340亿吨，其中机动车二氧化碳排放量占到了10%至15%。因此，减少机动车尾气排放对于改善空气质量、实现"碳达峰、碳中和"具有至关重要的意义。

交通事故、车辆抛锚和货物洒落等突发事件造成的偶发性交通拥堵在时间和空间上具有很强的随机性和不可预知性，极大地增加了拥堵预防和控制的难度。针对城市路网偶发性拥堵问题，国内外学者在交通流理论、交通系统建模与仿真、交通行为分析等方面做了大量研究，力图揭示交通拥堵的产生原因和演变规律。对城市路网偶发性拥堵演化机理及控制策略的研究正逐步成为国际性的热点研究课题之一[1]。

然而，现有的研究成果还不足以充分准确地模拟和诠释城市路网偶发性拥堵的演化过程，例如，突发事件发生后，在什么样的条件下，交通拥堵会发生？

拥堵在路网上如何进行传播？如何才能加快拥堵的消散？驾驶员的路径选择行为如何影响交通拥堵的形成、传播和消散？具体的交通管理与控制措施能够缓解多少交通拥堵？交通流的运行特征与交通拥堵的发生及严重程度有着非常密切的关系。建立考虑路径选择行为的交通流仿真模型，以描述城市路网交通流的动态演化过程，揭示城市路网偶发性拥堵的形成机理和演变规律，是解决城市路网偶发性拥堵问题的关键。

针对城市交通系统的复杂、随机、动态和突变特性，本书基于元胞自动机模型，构建城市路网动态交通流仿真模型，探索城市路网偶发性拥堵形成机理、传播规律和消散机制，优化拥堵控制方法，为城市路网偶发性拥堵的预防和缓解提供基础理论和关键技术。本书相关研究对于丰富交通流理论，提高城市交通系统应对突发事件的能力，具有重要的学术意义和工程应用价值。

1.2 交通流元胞自动机模型的相关研究

元胞自动机（Cellular Automata，CA）模型是一种数学模型，其实质是定义在一个具有离散、有限状态的元胞组成的元胞空间上，按照一定的局部规则，在离散的时间维度上演化的动力学系统[2]。由于时间、空间、车速都是离散的，所以，元胞自动机特别适合于微观交通仿真的研究[3]。

最基本的一维交通流元胞自动机模型是184号模型[3]：如图1.1所示，每个元胞或者为空或者被一辆车占据；当 t 时刻某辆车的前方元胞为空时，该车前进一格；如果前方元胞被车辆占据，则该车留在原地不动[4]。

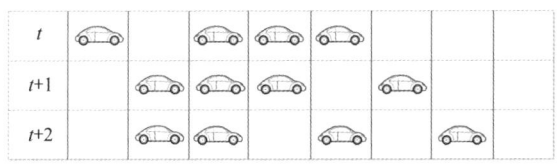

图 1.1 Wolfram 的 184 号模型的演化过程

用"0"表示元胞为空，用"1"表示元胞被占据，则模型的基本演化规则可以写成如图 1.2 所示的形式。将 $t+1$ 时刻的 8 种演化结果看作一个二进制数："10111000"，转化成十进制数后为 184。这就是"184 号模型"的由来。

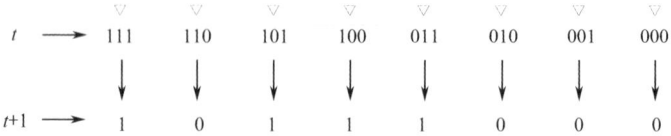

图 1.2　184 号模型的基本演化规则

1992 年，Nagel 和 Schreckenberg[5]在 184 号模型的基础上提出了模拟道路交通的 NaSch 模型。同年，Biham、Middleton 和 Levine[6]将 184 号模型推广到二维城市交通网络，提出了 BML 模型。在这两个模型的基础上，许多学者提出了各种改进的交通流元胞自动机模型并取得了大量有意义的研究成果。

下面将从路段模型、交叉口模型和路网模型三个方面总结和评述国内外各种交通流元胞自动机模型。

1.2.1　路段元胞自动机模型

1.2.1.1　单车道元胞自动机模型

（1）NaSch 模型

在 NaSch 模型中，车辆速度可以取 0 到 v_{max} 之间的任意一个整数，其中 v_{max} 为最大速度。在 $t \rightarrow t+1$ 的过程中，模型按如下规则进行演化。

Step 1：加速，$v_n \rightarrow \min(v_n+1, v_{max})$。

Step 2：减速，$v_n \rightarrow \min(v_n, d_n)$。

Step 3：随机慢化，以随机慢化概率 p，$v_n \rightarrow \max(v_n-1, 0)$。

Step 4：运动，$x_n \rightarrow x_n + v_n$。

这里，x_n 和 v_n 分别表示第 n 辆车的位置和速度，$d_n = x_{n+1} - x_n - l$ 表示第 n 辆车和前车 $n+1$ 之间的空元胞数，l 表示车辆的长度。对于该演化过程可以参考图 1.3。当参数 $v_{max}=1$，$p = 0$ 时，该模型退化为 Wolfram 的 184 号模型。

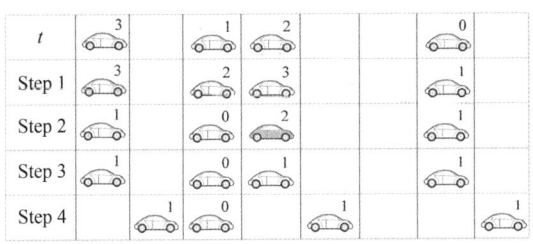

图 1.3　NaSch 模型中的演化规则过程示意图

（2）NaSch 模型的扩展模型

NaSch 模型是重现道路交通流基本特征的最小化模型，在此基础上，人们从多个角度进行了改进，以期更准确地反映交通流特性。

① 巡航驾驶极限模型[7]：以期望速度 v_{max} 行驶的车辆不受随机慢化作用的影响。

② TT 模型[8]：当车辆静止时，如果前方只有一个元胞的间距，将以一定的概率慢启动。

③ BJH 模型[9]：当车辆因为受到前车阻挡而刹车的话，那么下一时刻该车只能以一定的概率向前行驶。

④ VDR 模型[10]：慢化概率是车辆速度的函数，在上一时刻静止的车辆的随机慢化概率要比上一时刻运动的车辆大。

⑤ FI 模型[11]：车辆不需要逐步加速，随机慢化仅对高速行驶的车辆起作用。

⑥ VE 模型[12]：考虑前车速度效应，即车辆的减速不仅取决于与前车之间的距离，还跟前车的速度有关。

1.2.1.2 多车道元胞自动机模型

上述元胞自动机模型均为单车道模型，只能模拟一条车道上车流的情况，其最大的不足之处就是不允许超车。当不同类型的车辆、最大速度不同的车辆在车道上行驶时，快车只能跟在慢车后面，形成严重的排队现象，这与现实情况严重不符。为了模拟更加真实的交通，很多学者在元胞自动机模型中加入了换道规则，研究了多车道元胞自动机模型。

1993 年，Nagatani[13]考虑了车辆在两条车道间的转换，提出了一个简单的双车道模型。随后，他又研究了在第一道发生交通事故对双车道交通的影响[14]。自此以后，人们提出了各种各样的换道规则：有对称型的，也有非对称型的；有的规则对换道的要求比较苛刻，有的则比较宽松[15-22]。2002 年，Pedersen 等人[23]提出了一种右道缺省的换道规则，可以处理任意数目车道的情况。2003 年，Daoudia 等人[24]提出了一个三车道 CA 模型。1998 年，Simon 等人[25]研究了双向交通问题，分别提出了在母道和反向车道上的车辆的换道规则。

多车道元胞自动机模型实施过程中，车辆首先按照换道规则进行换道，然后按照单车道模型规则前进。车辆换道必须满足两个条件：第一个是换道动机，即车辆在本道上无法按照期望速度行驶，并且旁道上的行驶条件比本道要好；第二个是安全条件，即要保证车辆换道不会撞车。为了更加切合实际和部分消除频繁换道的发生，符合换道动机和安全条件的车辆以一定的概率进行换道。

除了上述经典的元胞自动机模型之外，还有两类元胞自动机模型也引起了人们的广泛关注：一类是每个元胞容量为 M 的多值元胞自动机模型[26-31]，另一类是描述混合交通流的元胞自动机模型[32-37]。另外，还有一些学者利用平均场理论对路段元胞自动机模型做了相应的解析研究[38-41]。

1.2.2 交叉口元胞自动机模型

（1）信号控制交叉口

2010 年，Ding 等人[42]用元胞自动机模型研究了信号灯控制下的单个 T 形交叉口的交通流。当每条路都是双道时，在 T 形交叉口只存在三个冲突点，引入三相信号灯和两种信号灯控制策略：固定的相顺序和自适应的相顺序，来控制交叉口的交通。模拟结果表明自适应的相顺序信号灯控制策略优于固定的相顺序信号灯控制策略。

（2）无信号控制交叉口

2002 年，Ruskin 等人[43]引入可接受车头距的概念对无信号控制十字交叉口进行了研究。交叉口由一条双向两车道的主路和辅路组成，交叉口处采用两路停车控制策略（Two-way stop control），即主路上的车辆具有进入交叉口的优先权，而辅路上的车辆只有在具有安全距离的条件下才可以进入交叉口。由于车辆靠左行驶，因此，对于主路上直行和左转的车辆，只要交叉口是空的就可以直接进入交叉口。但是对于主路上右转的车辆，以及辅路上的车辆，都需要根据其他路段上的状况判断是否进入交叉口。

2003 年，Wang 等人[44]将无信号控制十字交叉口推广到了一条双向四车道的主路和一条双向两车道的辅路相交的情形。

2004 年，Fouladvand 等人[45]利用 CA 模型对车流在环岛处的运行特征进行了详细探讨，分别研究了只有直行车、允许车辆右转和允许所有转向三种情形下的延迟时间随流量和车辆转向概率的变化。

2005 年，Wu 等人[46]利用元胞自动机模型研究了无控制 T 形交叉口的交通流特征，分析了不同车道之间车辆的相互作用和不同车道交通流状态对 T 形交叉口通行能力的影响，研究了不同道路交通状态的相变特性。研究结果表明，模型能应用于实际交通的分析和预测。

1.2.3 路网元胞自动机模型

1.2.3.1 BML 模型

BML 模型以二维网格模拟城市交通网络中的十字路口，以网格上的粒子来模拟道路上的车辆，车辆在格子上任意分布。车辆的行进方向有向东和向北两种，规定在某一时间步，如果向东的车辆右方没有其他车辆，则其允许前进一个格点。而在下一时间步，前进的所有权转交给向北的车辆。即在每一奇数时间步，南北方向的车辆可以前进一个格点；在每一偶数时间步，东西方向的车辆可以前进一个格点；如果车辆前方的格点被其他车辆占据，则此车保持静止不动。BML 模型可以模拟出车流的自由运行状态到堵塞状态的转变过程。

1.2.3.2　BML 模型的扩展模型

自从 BML 模型发表后，在元胞自动机模型的框架内使城市交通问题的研究向实用化的目标推进了一大步。许多学者致力于对简单、可操作性强的 BML 模型进行改进，把各种制约交通系统的因素扩充进元胞自动机模型中去，以期能较为客观地描述城市路网交通的一些基本特征。

（1）车辆的非对称分布

1993 年，Nagatani 等人[47]研究了两个方向车辆非对称分布的情况，发现东向和北向车辆的密度差异对于动力学堵塞相有重要的影响，提高东向和北向车辆之间的密度差异，可以提高交通堵塞相出现的临界密度。

（2）非均匀网格

1993 年，Nagatani 等人[48]研究了交通流元胞自动机模型中立交桥对交通堵塞的影响。模型中的方形点阵包含两种类型的点，一种是平面交叉口，另一种是立交。当立交的比例增加到某一个值（渗透阈值）时，堵塞相不会出现。当立交的比例低于渗透阈值时，动力学堵塞相出现的临界密度随着立交比例的增加而增加。

1995 年，Gu 等人[49]在 BML 模型的基础上研究了两个非均匀网格的模型。模型一：交叉口被分为两类，两类交叉口通过的时间不同；模型二：交叉口含有一定比例的立交桥。

2011 年，丁建勋等人[50]在 BML 模型的基础上嵌入一些典型的立交桥，研究了立交桥的数量、分布构型对路网交通流的整体影响。

（3）车辆转向

1993 年，Cuesta 等人[51]在 BML 模型中增加了车辆转向规则，每个格点上的车辆允许以一定的概率向相交的垂直车道转向。

1994 年，Nagatani 等人[52]在 BML 模型中增加了随机性。为了避免拥堵，当车辆被前车阻挡时，允许以一定的概率转向。结果表明，转向规则对交通拥堵有重要影响。

（4）随机更新规则

2003 年，Benyoussef 等人[53]研究了采用随机顺序更新的 BML 模型。所谓随机顺序更新，即在每个时间步的开始前将系统中的所有粒子进行随机排序（东向行驶的车辆和北向行驶的车辆在每个时间步内分别按照一定的概率改变方向）。接下来粒子按照这个排好的顺序进行更新。在下一个时间步，再对所有粒子重新随机排序，并按照新的顺序进行更新。

2011 年，Ding 等人[54]研究了采用随机更新规则的 BML 交通流模型。每个时间步等概率地从系统中随机选择一个粒子进行更新。在周期性边界条件下，系统出现从自由流到堵塞的剧烈相变。在开放边界条件下，观察到了自由流相和堵塞相共存的现象。

（5）失效的交通信号灯

1995 年，Chung 等人[55]研究了失效交通信号灯对交通系统的影响。模型中，随机选取一定比例的元胞作为失效的交通信号灯，即该交叉口无信号控制，每一时间步，两个方向的车均可驶入该交叉口，当发生冲突时，随机选取其中的一辆进入，而另一辆则静止不动。研究表明，低密度时，失效的交通信号灯能提高全局交通的速度，然而，当失效的交通信号灯的比例增加时，交通拥堵出现的临界密度会下降。

（6）交通信号灯变化不同步

1995 年，Feng 等人[56]对 BML 模型做了改进，解除了该模型中关于交通信号灯同步变化的限制。在新模型中，每个路口的交通信号灯可以自由选定起始工作时间和变化节奏，可以更全面、准确地反映交通信号灯对交通系统性能的影响。

（7）绿波同步

1996 年，Török 等人[57]提出了一种绿波（GW）模型来研究城市主干道上的同步控制交通灯。不同于 BML 模型的并行更新，在 GW 模型中采用了部分后向顺序更新，即按照车辆的先后顺序，先更新前面的车辆，再更新后面的车辆。在 GW 模型中，车辆能够结对前进，可以模拟真实交通中绿波同步的效果。

（8）红绿灯周期

2009 年，孙舵等人[58]研究了不同红绿灯周期对交通状况的影响。模拟结果显示，随着车辆密度的增加，在一定的临界密度下，车辆的平均速度会突然从高速相变成低速相，这一临界密度并非随着周期的增大而单调递减。

（9）闯红灯行为

2012 年，Ding 等人[59]研究了 BML 模型中车辆闯红灯行为对交通流的影响。假定系统中存在两种驾驶员：普通驾驶员遵守交通信号灯规则，闯红灯驾驶员不遵守交通信号灯规则。模拟结果表明，尽管闯红灯驾驶员增加了自由流相的平均速度，但是降低了从自由流相到堵塞相的临界密度。

（10）慢启动

2012 年，Sui 等人[60]将车辆慢启动效应引入二维交通流模型中，并考虑了不同红绿灯周期的影响，观察到了二维交通流中的慢启动效应及其造成的交通流相分离现象。

另外，还有许多学者利用平均场理论对 BML 模型进行了理论分析[61-65]。

1.2.3.3　NaSch 和 BML 的耦合模型

NaSch 模型和 BML 模型都能够描述一些基本的交通流特征，但是由于城市路网的复杂性，必须结合两者的优点，才能模拟一些更为细微的交通流特征。

1999年，Chowdhury和Schadschneider[66]以BML模型为基础，并结合NaSch模型提出了一种耦合模型（ChSch模型）来刻画城市交通。

在这种耦合模型中，城市被抽象为一个由$N \times N$条道路组成的网络。为了简单起见，假定道路分别平行于笛卡尔坐标系中的X轴和Y轴，每条道路（包含其中的一个交叉口）进一步细化为D个元胞，这样每个路段就有$L = N \times D$个元胞。每个交叉口上假设有一个信号灯。在某一时刻，每一个元胞或者为空，或者被一辆车所占据。当$D = 2$时，路网结构就退化为BML模型的形式。车辆按下述规则更新。

Step 1：加速，$v_n \to \min(v_n + 1, v_{\max})$。

Step 2：由于前车阻挡或交通信号灯造成的减速。

Case I：如果第n辆车前面的交通信号灯为红灯，那么有$v_n \to \min(v_n, d_n, s_n)$。

Case II：如果第n辆车前面的交通信号灯为绿灯。首先假定τ为绿灯转变为红灯前的剩余时间步。此时又存在两种情形：① 当$d_n \leq s_n$时，第n辆车的阻挡作用来自前车而不是交通信号灯，此时$v_n \to \min(v_n, d_n)$；② 当$d_n > s_n$时，如果$\min(v_n, d_n) \times \tau > s_n$，$v_n \to \min(v_n, d_n)$，否则，$v_n \to \min(v_n, s_n)$。

Step 3：随机慢化概率p，$v_n \to \max(v_n - 1, 0)$。p为随机慢化概率。

Step 4：车辆位置更新，对于东向行驶的车辆有$x_n \to x_n + v_n$，对于北向行驶的车辆有$y_n \to y_n + v_n$。

1999年，Schadschneider等人[67]将ChSch模型中的规则Case II进行了简化：如果在下一个时刻交通信号灯变为红灯（即$\tau = 1$），那么$v_n \to \min(v_n, d_n, s_n)$；否则，$v_n \to \min(v_n, d_n)$。修改之后，当$\tau > 1$时，车辆可以不考虑交通信号灯的影响，下一时间步有可能会停留在交叉口元胞上，阻碍另一方向车辆的前进。

2001年，Brockfeld等人[68]通过对ChSch模型的Step 2中的s_n用$s_n - 1$来代替，确保驶入交叉口的车辆能够驶离交叉口，有效避免了系统进入完全堵塞的状态，研究了信号周期对交叉口的通行能力的影响。

1.2.4 元胞自动机模型研究展望

元胞自动机模型在反映真实的交通系统方面具有非常大的潜力。然而，现有的城市路网元胞自动机模型过于简单，还不足以反映真实交通的复杂性，需要在下列方向进行改进，以提高元胞自动机模型在交通仿真中的真实性[69]。

① 增加车辆的 OD 属性。每辆车按照一定的原则在路网中选择起点和终点，沿最短路行驶至终点。可以按照实际的交通分布规律来设置车辆的 OD 选择原则。

② 车辆的路径选择行为分为静态和动态两种。当没有交通诱导信息时，车辆按照先验经验选择最短路行驶。当有实时的路况信息时，车辆可以按照路径诱导系统的提示实时选择最短路行驶。交通诱导环境下的路径选择行为是需要重点研究的内容。

③ 城市路网中存在大量双向通行的多车道路段。车辆在路段上不仅会超车，而且需要按照下一交叉口的转向而换道，因此，有必要研究双向通行多车道路段的车辆换道规则。

④ 充分考虑不同类型交叉口中的车辆驾驶行为，研究可体现车辆在交叉口向前行驶及转向等行为的更加切合实际的规则，以更加真实地反映交叉口的车流规律。

第 2 章

城市路网交通流动态特性

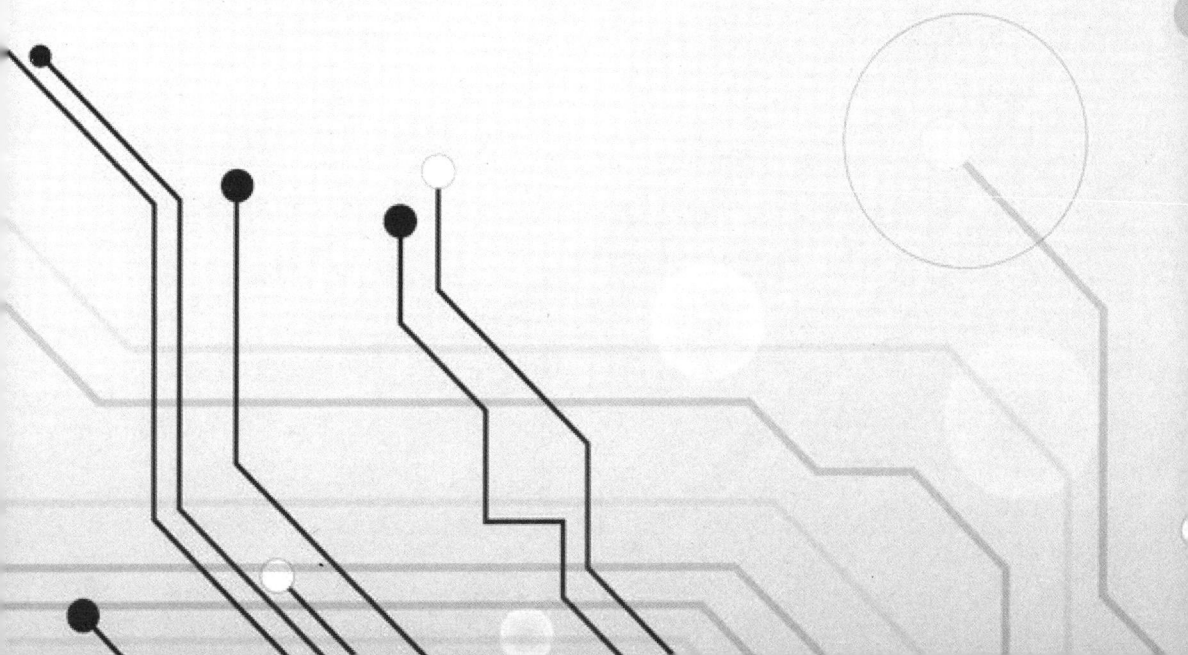

2.1 引言

　　交通流理论的研究包括道路交通流和网络交通流。近几十年来，不同领域的研究者从各自的角度对道路交通流的特性进行了分析，建立了许多交通流理论和模型（LWR 模型、跟驰模型、元胞自动机模型等）[70]。道路交通流和网络交通流模型的发展趋势是相互靠近、融合，构建一体化的模型，既能够描述拥挤排队在交通网络上的传播和消散，体现拥堵传播的动态特性，又能刻画人们的交通行为，更真实地揭示交通拥堵与出行者路径选择行为之间的互动关系[71]。

　　二维元胞自动机模型是研究城市路网交通流的有效工具。但是，现有的元胞自动机模型都对交通的局部规则进行了大量简化，这种简化用于描述路段的车流规律是可行的，却很难真实反映交叉口复杂的车流运行状态。因此，有必要充分考虑交叉口处各进口道方向车流的冲突和运行规律，体现路网交通流的运行特征。另外，车辆的路径选择行为对路网交通流具有非常重要的影响，因此，有必要将车辆的 OD 属性引入元胞自动机模型中，描述出行者的路径选择行为，提高模型在交通仿真中的真实性。

本章在 BML 模型和 NaSch 模型的基础上，分别构建无信号控制和信号控制的双向两车道路网元胞自动机模型，分析路网交通量、路网车速和路网交通密度之间的关系，研究慢化概率、期望车速、换道概率、信号控制等对路网交通流的影响。

2.2 路网定义与评价指标

2.2.1 参数定义

$S \times S$：   路网规模；

K：   每个路段包含的车道数；

r：   考察时段；

N_t： t 时刻路网中的车辆数；

$N_{t,i}$： t 时刻路段 i 上的车辆数；

$v_{t,i,n}$： t 时刻路段 i 上的第 n 辆车的瞬时车速；

$N_{t,j}$： t 时刻交叉口 j 内的车辆数；

$v_{t,j,m}$： t 时刻交叉口 j 内第 m 辆车的瞬时车速；

W_t： t 时刻到达目的地的车辆数；

$\tau_{t,a}$： t 时刻到达目的地的第 a 辆车的出行时间；

$l_{t,a}$： t 时刻到达目的地的第 a 辆车的出行距离；

N_{cell}：   路网元胞总数；

$Q(r)$：   路网交通量，定义为单位时间内到达目的地的车辆数；

$\bar{\rho}(r)$：	路网交通密度，定义为考察时段 r 内路网的平均车辆密度；
$\bar{v}(r)$：	路网车速，定义为考察时段 r 内路网的平均瞬时车速；
$\bar{v}_i(r)$：	路段车速，定义为考察时段 r 内路段 i 的平均瞬时车速；
$\bar{v}_j(r)$：	交叉口车速，定义为考察时段 r 内交叉口 j 的平均瞬时车速；
$\bar{\tau}(r)$：	考察时段 r 内到达目的地的车辆的平均出行时耗；
$\bar{u}(r)$：	考察时段 r 内到达目的地的车辆的平均出行速度；
$\bar{u}_c$：	判断路段是否拥堵的平均瞬时车速临界值；
x_n：	某路段第 n 辆车的位置；
v_n：	某路段第 n 辆车的速度；
$v_{\max}$：	车辆的最大速度；
d_n：	第 n 辆车与前车之间的距离；
s_n：	第 n 辆车与下游交叉口停止线之间的距离；
p：	随机慢化概率；
H_n：	第 n 辆车与当前路段的关系，$H_n=1$ 表示车辆在同方向的母道上行驶，$H_n=0$ 表示车辆在反向车道上行驶；
H_{other}：	相邻车道与本车的关系，$H_{\text{other}}=1$ 表示相邻车道为本车的母道，$H_{\text{other}}=0$ 表示相邻车道为本车的反向车道；

d_{back}： 第 n 辆车与相邻车道后方车辆的间距；

d_{other}： 第 n 辆车与相邻车道前方车辆的间距；

d_{avoid}： 禁止变换车道线的长度；

d_{safe}： 换道安全距离；

$v_{n,\text{back}}$： 相邻车道后方车辆的速度；

$x_{n,\text{other}}$： 第 n 辆车在旁边车道中的位置；

K_n： 第 n 辆车在路段中所处的车道（$K_n = 1, 2\cdots, K$，最内侧车道为 1 号车道，依次向外侧类推）；

K_{other}： 相邻车道的编号；

F_n： 第 n 辆车在下一个交叉口的转向（$F_n \in [1,3]$，$F_n = 1$ 时，表示左转，$F_n = 2$ 时，表示直行，$F_n = 3$ 时，表示右转）；

$P_{\text{same-same}}$： 母道换母道概率；

$P_{\text{same-opp}}$： 母道换反向车道概率；

P_{turn}： 转向换道概率；

$\rho_c(N)$： 临界密度，定义为从自由流相到堵塞相的密度；

$N_c(\rho)$： 路网容量，定义为临界密度下路网内运行的最大车辆数，即路网元胞总数与临界密度的乘积；

$\alpha_i(t)$： t 时刻路段 i 的交通阻抗；

(x, y)： 交叉口处元胞的坐标；

$(x\_\text{front}, y\_\text{front})$： 交叉口处车辆前方元胞的坐标；

$\text{cells}(x, y)$： 元胞 (x, y) 的状态，$\text{cells}(x, y) = 1$ 时表示有车，

	cells$(x,y)=0$ 时表示元胞为空；
cells_lane(x,y)：	元胞(x,y)上车辆所属的进口道，cells_lane$(x,y)\in[0,4]$，cells_lane$(x,y)=0$时表示元胞(x,y)为空；
cells_direction(x,y)：	元胞(x,y)上车辆的转向，cells_direction$(x,y)\in[0,3]$，0表示元胞(x,y)为空，1、2、3分别表示左转、直行和右转；
$v(x,y)$：	元胞(x,y)上的车辆的速度；
$d(x,y)$：	元胞(x,y)上的车辆与前车之间的距离。

2.2.2 路网定义

如图 2.1 所示，城市路网由 $S\times S$ 条双向两车道的道路组成。道路被分为相向行驶的两个路段，每个路段包含 K 条车道（双向两车道 $K=1$，双向四车道 $K=2$，双向六车道 $K=3$）。每条车道被分割成 L 个元胞，每个元胞长度为 7.5m，每辆车占据 1 个元胞。车辆沿右道行驶，在交叉口可以直行、左转和右转[72]。

在双向交通路网，存在两种局部死锁现象：① 由于某交叉口拥挤导致车辆排队，形成交通拥堵，继而向上游蔓延，导致车辆首尾相连而产生的拥堵闭环（如图2.1方形虚线框所示）；② 由于车辆借反向车道超车，无法及时回到母道，导致对向车辆无法前进而产生的交叉口死锁（如图2.1圆形虚线框所示）。

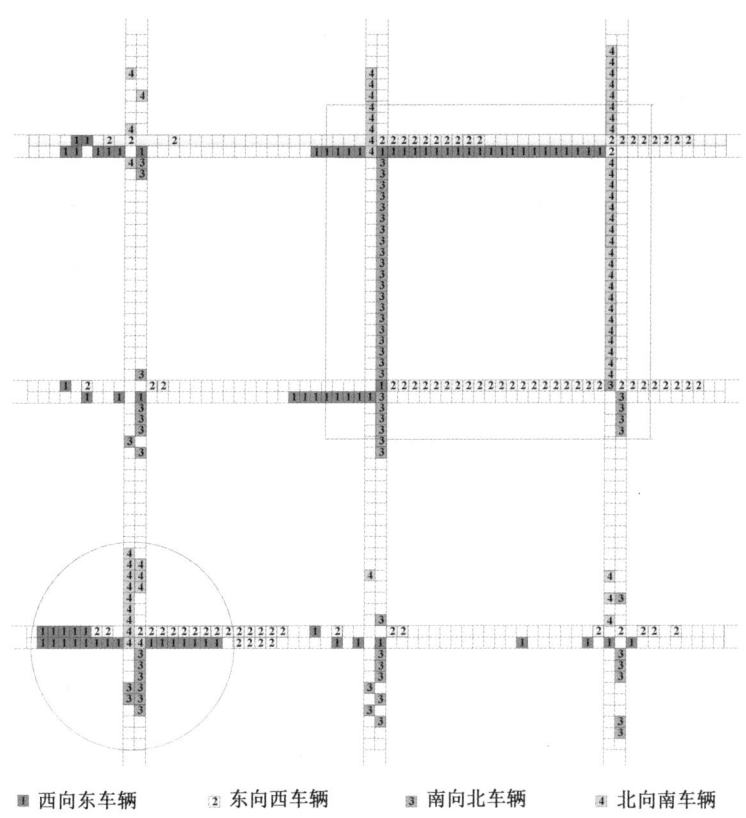

■ 西向东车辆　② 东向西车辆　③ 南向北车辆　④ 北向南车辆

图 2.1　双向两车道城市路网示意图

　　图 2.2 为路网的路段编号示意图。初始时，N 辆车随机分布在路网上。每辆车随机分配一个起始点和一个目的地。除交叉口内的元胞外，路段上的所有元胞均可作为车辆的起讫点。假设所有车辆沿着距离最短的最短路行驶至目的地。采用一个附加的距离来表示交叉口内三个方向的不同阻抗：$3K$，$2K$ 和 K 分别表示左转、直行和右转方向的交叉口阻抗。利用 Dijkstra 算法可以求得最短路径树，车辆从中选择一条最短路完成出行。当车辆到达目的地时，随机选择一个新的目的地，继续在路网上行驶[73]。

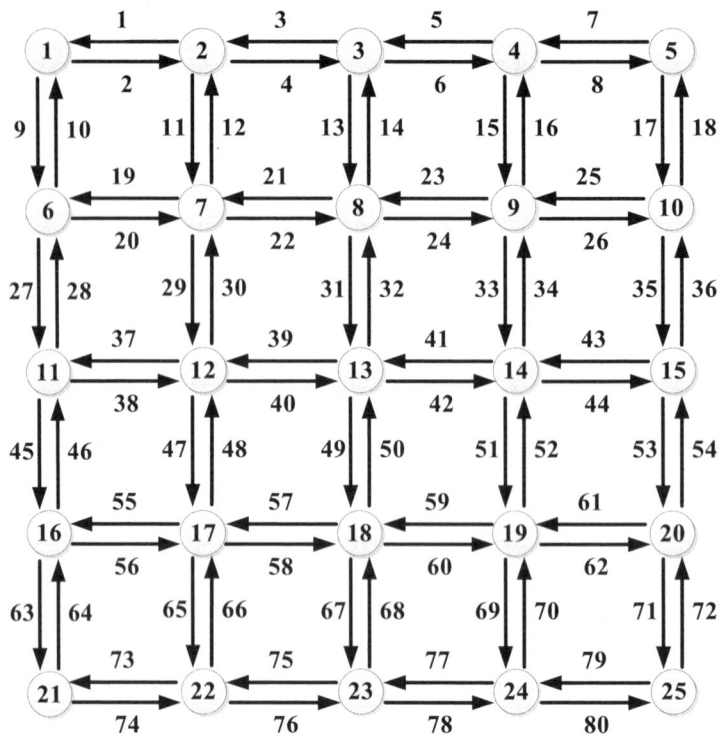

图 2.2 路段编号示意图，$S=5$

2.2.3 路网评价指标

为了体现交通拥堵问题给交通运行造成的影响，可以分别从速度、密度、流量、旅行时间、排队长度和延误等多个角度对交通拥堵进行评价。通过仿真过程中采集的车辆的起终点、速度、位置、路径等详细的出行信息，能够方便地推算出路网及各条路段的平均速度和密度，以及到达终点的车辆的旅行时间和旅行速度，以此分析各时刻路网及各条路段当前的交通状况，进一步可以统计交通网络总体及局部的交通拥堵时空分布情况。

假设，每个时间步对应 1s，考察时段 r 个时间步内，t 时刻，路网中的车辆数为 N_t；路段 i 上的车辆数为 $N_{t,i}$，第 n 辆车的瞬时车速为 $v_{t,i,n}$；交叉口 j 内的车辆数为 $N_{t,j}$，第 m 辆车的瞬时车速为 $v_{t,j,m}$；到达目的地的车辆数为 W_t，

第 a 辆车的出行时间为 $\tau_{t,a}$，出行距离为 $l_{t,a}$。

（1）路网交通量

路网交通量是表征交通流状态的一个重要参数。对于城市路网来说，用某些地点、断面或路段的流量来评价路网运行状态不够全面。因为，车辆在路网上运行的目的是要到达目的地，如果不能够到达目的地，就无法真正体现城市路网的通行能力。假设，由于路网交通堵塞，大量的车在路网中绕行，而无法到达目的地，那么虽然某些路段流量很大，但是没有车辆能够到达出行终点，此时，对于路网来说，通过的车辆数为零。因此，定义单位时间内到达目的地的车辆数为路网交通量（Network flow），用于评价整个网络的总体交通性能。路网交通量可以通过下式得到：

$$Q(r) = \frac{\sum_t W_t}{r} \quad (2.1)$$

（2）平均瞬时密度

在道路交通流中，交通密度是指在某一瞬间单位长度车道内的车辆数，随观测时刻和对象而变化，通常用观测时刻内的平均值来表示。在元胞自动机模型中，密度一般定义为被车辆占据的元胞占总元胞数量的比例。其中，路网元胞总数为路段元胞数量与交叉口元胞数量之和，可通过下式计算得到：

$$N_{cell} = L \times K \times [4 \times S \times (S-1)] + 4 \times K^2 \times S^2 \quad (2.2)$$

根据密度的定义，可以分别得到路段 i 的平均瞬时密度（路段车辆密度，Road density）和路网的平均瞬时密度（路网交通密度，Network density）：

$$\bar{\rho}_i(r) = \frac{\sum_t N_{t,i}}{L \times K \times r} \quad (2.3)$$

$$\bar{\rho}(r) = \frac{\sum_t N_t}{N_{cell} \times r} \quad (2.4)$$

（3）平均瞬时速度

瞬时速度为某辆车经过某地点的车速，也称为点速度。对考察时段内路段、

交叉口和路网中的各个车辆的瞬时速度进行统计,分别得到路段、交叉口和路网的平均瞬时速度,用于评价交通系统的运行状态。设定一个临界值$\bar{u}_c$,当路段平均瞬时速度低于该临界值时,认为该路段存在拥堵瓶颈。考察时段 r 的选取要大小适中,否则无法体现路网的真实状态。比如说碰到红灯的情况,如果 r 取值偏小,得到的路段瞬时速度可能趋近于零,但实际上该路段并未发生拥堵;当拥堵持续时间较短时,如果 r 取值偏大,有可能会使得速度平均值较高,而忽视了该拥堵对路段的影响。路段 i 的平均瞬时速度(路段车速,Road speed)、交叉口 j 的平均瞬时速度(交叉口车速,Intersection speed)和路网的平均瞬时速度(路网车速,Network speed)分别按如下方法进行计算:

$$\bar{v}_i(r) = \frac{\sum_t \sum_n v_{t,i,n}}{r \times \sum_t N_{t,i}} \quad (2.5)$$

$$\bar{v}_j(r) = \frac{\sum_t \sum_m v_{t,j,m}}{r \times \sum_t N_{t,j}} \quad (2.6)$$

$$\bar{v}(r) = \frac{\sum_t \sum_i \sum_n v_{t,i,n} + \sum_t \sum_j \sum_m v_{t,j,m}}{r \times \sum_t N_t} \quad (2.7)$$

(4)平均出行时耗

出行时耗是指车辆从起点到目的地所需的总时间,包括中间的行驶时间、停车时间和延误时间。出行时耗与城市规模、出行距离、路网布局和交通流的状态密切相关。用平均出行时耗来评价路网交通运行状态。平均出行时耗计算方法如下:

$$\bar{\tau}(r) = \frac{\sum_t \sum_a \tau_{t,a}}{\sum_t W_t} \quad (2.8)$$

(5)平均出行速度

行程车速是指车辆行驶路程与车辆通过该路程所需的总时间之比,可以用于评价路网的畅通程度。平均出行速度可按下式计算:

$$\bar{u}(r) = \frac{\sum_t \sum_a \frac{l_{t,a}}{\tau_{t,a}}}{\sum_t W_t} \quad (2.9)$$

（6）拥堵规模

拥堵规模反映了交通拥堵的影响范围。假设拥堵规模为路网中阻塞的路段总数量，即平均瞬时速度低于临界值 $\bar{u}_c$ 的路段数量。

（7）拥堵时间

拥堵时间反映了交通拥堵状况在路网内的持续时间。对路段来说，即平均瞬时速度低于临界值 $\bar{u}_c$ 的时间。与拥堵时间相关的概念为交通事件持续时间，即交通事件从发生到清除事件地点所有事件痕迹的时间，包括事件检测时间、事件响应时间、事件清除时间和交通恢复时间。当交通事件发生后，路网或路段运行状况会受到影响，但不一定发生交通拥堵，因此，交通事件持续时间通常要大于拥堵时间。

2.3 无信号控制的双向两车道路网元胞自动机模型

假设交叉口采用四路停车控制（Four-way stop control），各向机动车流具有平等的优先通行权，根据机动车到达交叉口的先后顺序，按照先来先过的原则交替穿过交叉口。在交叉口各入口处均设置停车标志，以提醒驾驶员在前方交叉口处需停车，等待冲突交通流出现可利用穿插间隙时，再通过交叉口。

2.3.1 模型

2.3.1.1 路段上的车辆更新规则

如图 2.3 所示，道路被分为相向行驶的两个路段，每个路段包含 1 条车道，两条车道均允许车辆双向通行，将与车辆行驶方向相同的车道定义为母道，与车辆行驶方向相反的车道定义为反向车道。设 x_n、v_n 表示第 n 辆车在某个路段中的位置与速度。v_n 可以取 0 到 v_{max} 之间的任意一个整数，其中 $v_{max}(\geq 1)$ 为最大速度。d_n 表示第 n 辆车与前车之间的距离（前车可以位于本路段上，也可以位于交叉口或者下一路段上）。$s_n = L - x_n$ 表示第 n 辆车与前方交叉口之间的距离。H_n 表示第 n 辆车与当前路段的关系，$H_n = 1$ 表示车辆在母道上行驶，$H_n = 0$ 表示车辆在反向车道上行驶。H_{other} 表示相邻车道与本车的关系，$H_{other} = 1$ 表示相邻车道为本车的母道，$H_{other} = 0$ 表示相邻车道为本车的反向车道。d_{back} 表示第 n 辆车与相邻车道后方车辆的间距，d_{other} 表示第 n 辆车与相邻车道前方车辆的间距，d_{avoid} 表示禁止变换车道线的长度，d_{safe} 表示换道安全距离。$x_{n,other}$ 表示第 n 辆车在旁边车道中的位置。车辆的更新过程由两个步骤来完成，第一步，车辆按照换道规则进行换道；第二步，换道后，各条车道上的车辆按照单车道模型规则前进。

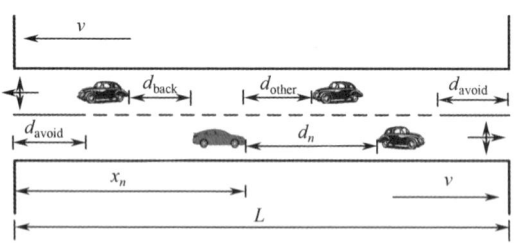

图 2.3　双向交通的两车道路段示意图

（1）换道

对于双向通行路段，在禁止变换车道线前，即当 $d_{avoid} < x_n \leq L - d_{avoid}$ 时，车辆允许借反向车道超车。如果车辆在反向车道行驶到禁止变换车道线时还没有机会换回本道，则会在禁止变换车道线前停车，等待机会换回本道。

（i）母道换反向车道

① $H_n = 1$ 且 $H_{other} = 0$，表示车辆在母道上，且欲换车道为反向车道。

② $\min(v_n + 1, v_{max}) > d_n / \Delta t$，表示车辆速度大于与前车的反应速度，产

生换道意愿。

③ $d_{other} > d_n$，表示车辆与旁边车道前车的距离大于与本车道前车间的距离。

④ $d_{other} > d_{safe}$，表示车辆与相邻车道前车距离大于安全距离，$d_{safe} = 2 \times v_{max} + 1$。

当车辆存在上述情形时，以概率 $P_{same-opp}$，$x_n \to x_{n,other}$，车辆向旁边车道换道，表示部分车辆为了超车选择换到反向车道上行驶。

（ii）反向车道换母道

① $H_n = 0$ 且 $H_{other} = 1$，表示车辆在反向车道上，且欲换车道为母道。

② $d_n < 2 \times v_{max} + 1$ 或（$d_{other} > 2 \times v_{max} + 1$ 且 $d_{back} > d_{safe}$），表示前方有相向行驶的车辆，且距离过小；或者母道上的行驶条件较好，且不影响母道后车的行驶。

满足上述条件时，$x_n \to x_{n,other}$，车辆向旁边车道换道，表示当超车的车辆在反向车道上遇到迎面驶近的车辆或者母道上有一个较好的行驶条件后，该车会迅速返回母道上。

（2）纵向位置更新

① 加速：若 $v_n < v_{max}$，则 $v_n + 1$；若 $v_n = v_{max}$，则 v_n 不变。即 $v_n \to \min(v_n + 1, v_{max})$，表示驾驶员都有以尽量快的速度行驶的一般趋势，但不能超过最高车速。

② 减速：

若 $H_n = 0$，则 $v_n \to \min(v_n, d_n, s_n - d_{avoid})$，表示在反向车道上的车除受前车影响外，还不能越过禁止变换车道线，即如果车辆没有在禁止变换车道线前换道成功的话，会停车等待机会换道。

若 $H_n = 1$ 时，表示车辆在母道上，此时车辆是否减速取决于与前车的距离，以及与交叉口的距离，$v_n \to \min(v_n, d_n, s_n)$。

③ 随机慢化：以随机慢化概率 P，$v_n \rightarrow \max(v_n - 1, 0)$，对应于现实中各种不确定性因素造成的驾驶员的随机减速。

④ 纵向位置更新：在 $t+1$ 时刻，$x_n \rightarrow x_n + v_n$，车辆按照上述步骤中更新好的速度向前行驶。

2.3.1.2 交叉口处的车辆更新规则

如图 2.4 所示，交叉口处的车道被分为两种类型：（ⅰ）进口道（即 Lane1～4），（ⅱ）出口道（即 Lane5～8）。交叉口处的元胞被分为两种类型：（ⅰ）交叉口内元胞（即元胞 1～4），（ⅱ）交叉口外围元胞（即元胞 5～8）。直行、左转和右转的车辆沿着不同的轨迹穿过交叉口。例如，Lane1 上的左转车辆沿着元胞 5、1、2、3 和 11 进入 Lane8，直行车辆沿着元胞 5、1、2 和 9 进入 Lane6，右转车辆沿着元胞 5、1 和 12 进入 Lane7。其余的三个方向遵循同样的运动模式。假设车辆在交叉口内的速度可以取 0 或者 1。因此，车辆在交叉口处必须逐一经过上述元胞，不能跨越。

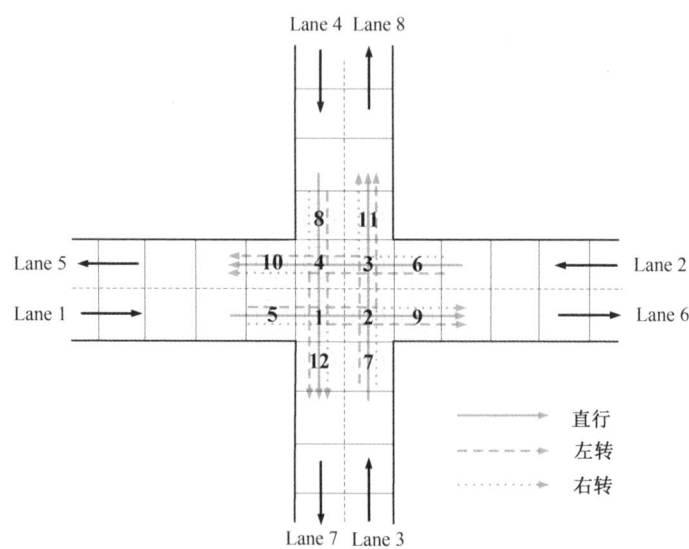

图 2.4 双向两车道交叉口示意图

第 2 章　城市路网交通流动态特性

为了避免车辆相撞，假设交叉口内元胞上的车辆比交叉口外围元胞上的车辆具有优先通行权。例如，如图 2.5 所示，如果元胞 4 被一个从 Lane4 到 Lane7 的直行车，或者从 Lane4 到 Lane6 的左转车，或者从 Lane2 到 Lane7 的左转车占据的话，元胞 5 上的车辆禁止驶入元胞 1。交叉口处的车辆按照下述三条规则进行更新：

（1）交叉口内元胞上的车辆更新规则

如果车辆前方的元胞是空的，则车辆在当前时间步结束时向前移动一个元胞，否则，车辆将停车等待。此规则适用于元胞 1～4 上面的所有车辆。

（2）交叉口外围元胞上的车辆更新规则

如果车辆的前方元胞是空的，且交叉口内不存在车辆试图占用该元胞，则车辆向前移动一个元胞，否则，车辆将停车等待。此规则适用于元胞 5～8 上面的所有车辆。

图 2.5 为交叉口外围元胞上的车辆更新规则示意图。其中，a～d 表示车辆允许进入交叉口的四种情况；e～h 表示车辆禁止进入交叉口的四种情况。

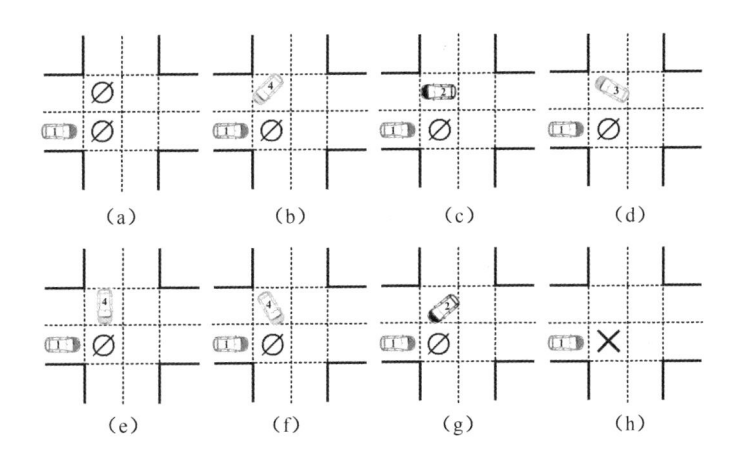

图 2.5　交叉口外围元胞上的车辆更新规则示意图（图中数字（1～4）表示车辆来自的进口道；∅ 表示该元胞为空；× 表示该元胞被车辆占据）

（3）避免"死锁"规则

当元胞1~4为空，且元胞5~8均被直行或者左转车辆占据时，交叉口将发生"死锁"现象。如图2.6所示，在这种特殊情形中，如果停车线前的四辆车同时前进一个元胞，则元胞1~4将在下一个时间步同时被占据，而四辆车将无法继续前进。为了避免"死锁"现象，当发生上述情形时，从元胞5~8中随机选择一辆车停车等待，其余三辆车则前进一个元胞。

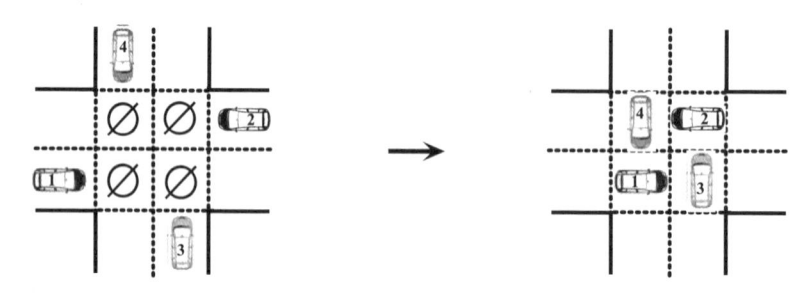

图2.6 交叉口"死锁"示意图（∅表示该元胞为空）

2.3.2 模拟结果及分析

在计算机模拟中，假设路网规模为5×5，路段元胞数L为20，每个路段长度为150m。每次模拟时，从初始密度$\rho=0.005$开始，密度每次增加0.005，直到$\rho=0.9$为止。对相同的密度，分别模拟10次，每次模拟10000个时间步，直到仿真时间结束或路网堵死（$v=0$），若实际的仿真时间小于10000个时间步，则按实际的仿真时间计算路网交通量和路网车速。

2.3.2.1 城市路网交通流基本图

将自由流相到堵塞相的密度定义为$\rho_c(N)$，即临界密度。低密度自由流相和高密度堵塞相时的车辆运行情况如图2.7所示。

道路交通流的基本特征可以通过流量q、速度v和密度k三个基本参数来描述。这三个参数之间的基本关系式为$q=kv$，三者之间的关系如图2.8所示。

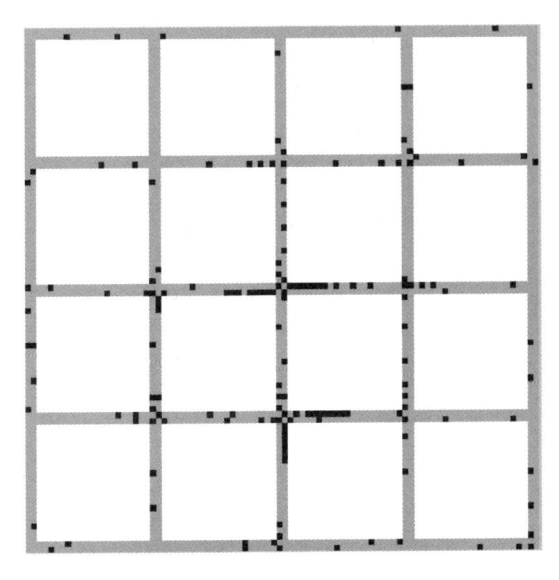

(a)低密度自由流相时的系统运行图

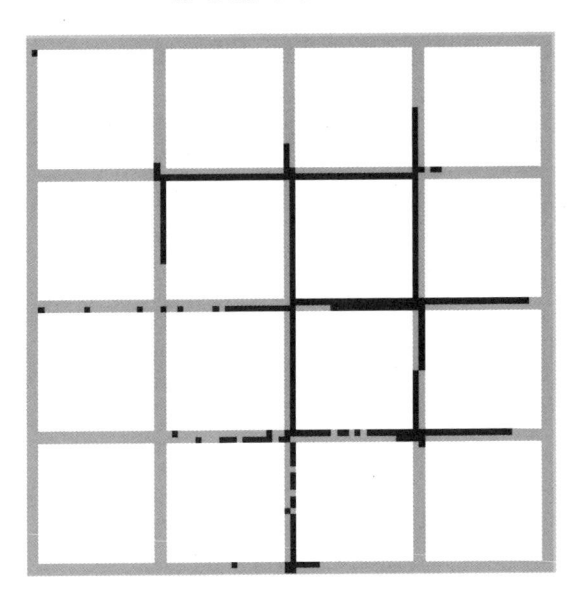

(b)高密度堵塞相时的系统运行图

图 2.7　仿真系统运行图（黑色表示车辆，灰色表示道路）

　　道路交通流的三参数能够描述单一路段或道路汇合处的交通流基本特征，但并不适用于由路段和交叉口组成的城市路网。因此，采用路网交通流的三个基本参数即路网交通量、路网车速和路网交通密度,来描述路网交通流的基本特征。

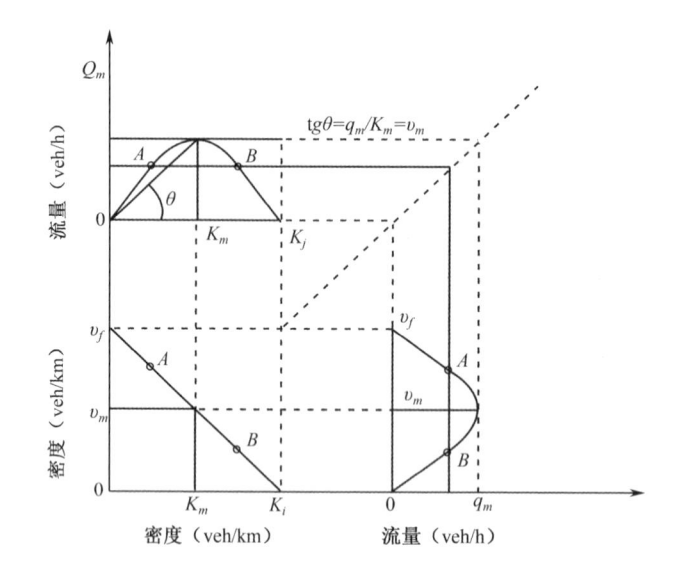

图 2.8 道路交通流三参数之间的关系

城市路网交通流的三个基本特征参数之间存在着与道路交通流三参数之间非常相似的关系:

① 图 2.9(a)显示了路网交通量与路网交通密度之间近似三角形的基本图。路网交通量随着路网交通密度的增加而增加,当路网交通密度增加至路网临界密度时,路网交通量随着路网交通密度的增加而逐渐下降。

② 图 2.9(b)显示了路网车速随着路网交通密度的增加而逐渐下降。路网车速与路网交通密度的基本图呈现"S"形,这与密度越大,速度越低的现实情况是符合的。

③ 如图 2.9(c)所示,路网车速和路网交通量之间并不是一一对应的。除最大路网交通量外,每个路网交通量对应两个速度,一个表示自由流状态时的速度,另一个表示堵塞流状态时的速度。

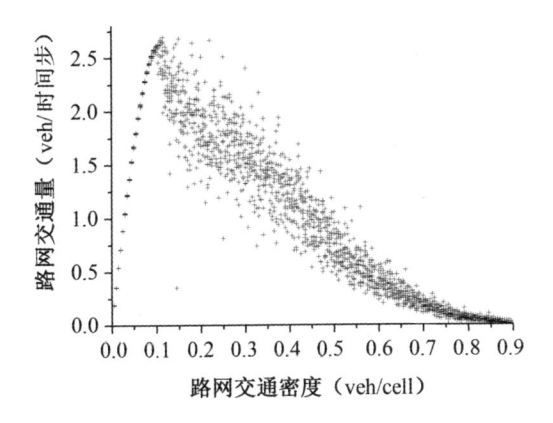

(a) 路网交通量—路网交通密度关系

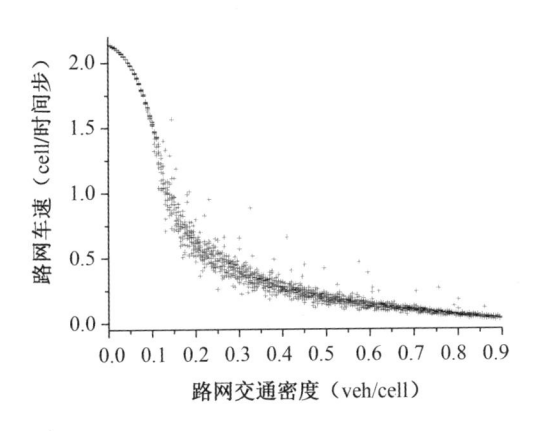

(b) 路网车速—路网交通密度关系

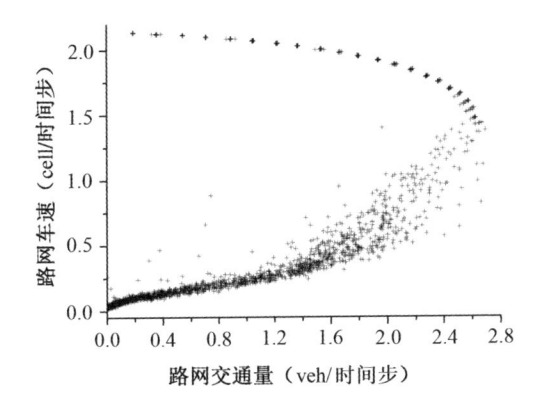

(c) 路网车速—路网交通量关系

图 2.9　城市路网交通流基本图

2.3.2.2 慢化概率的影响

慢化概率对路网车速的影响如图 2.10 所示。可以看出，当路网交通密度小于临界密度时，慢化概率对路网车速有较大的影响，慢化概率越低，路网车速越大。这是因为当路网交通密度较低时，车辆处于自由流状态，车辆趋向于以较低的慢化概率保持较高的速度运行。当路网交通密度大于临界密度时，慢化概率对路网车速的影响会减弱，车辆经常处于时走时停的状态，而速度为零的车辆不受慢化概率的影响。慢化概率对路网车速的影响随着密度的增加而逐渐消失。

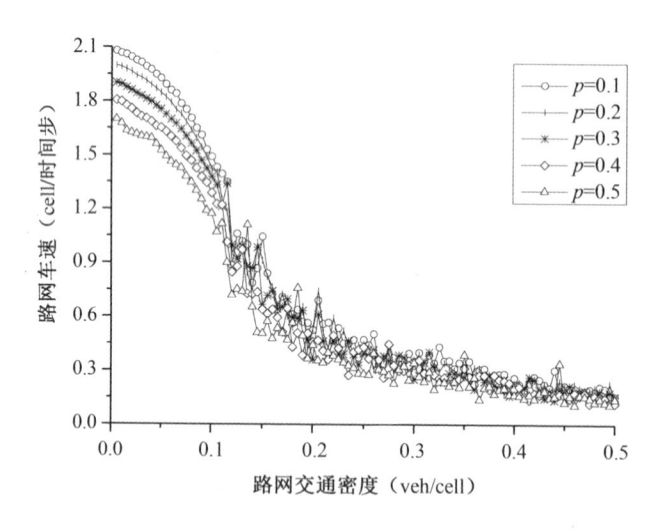

图 2.10 慢化概率对路网车速的影响

2.3.2.3 期望车速的影响

期望车速与驾驶员生理心理状况、汽车动力性能及操纵性能、道路线形、路面状况、道路横断面宽度、道路景观及环境等因素有关。当车辆行驶过程中不受或基本不受其他车辆的约束时，驾驶员将趋向于加速至期望车速后匀速行驶。在本模型中，速度小于最大速度的车辆都有加速的趋势，因此，最大速度 v_{max} 即为车辆的期望车速。期望车速对行驶车辆的实际车速高低会产生重要的影响。

期望车速对路网车速的影响如图 2.11 所示。可以看出，当路网交通密度小于临界密度时，期望车速对路网车速有较大的影响，期望车速越大，路网车速越大。这是因为当路网交通密度较低时，车辆处于自由流状态，车辆趋向于保持较高的速度运行。但是，实际运行速度的增加值要小于期望车速的增加值，比如当密度极小时，期望车速从 1 元胞/时间步变成 5 元胞/时间步，提高了 4 元胞/时间步，但是路网车速只增加了 1.6 元胞/时间步。这是因为，受交叉口的影响，车辆速度受到了限制，车辆能够达到的最高速度取决于交叉口间距的大小，这是城市路网与高速公路的一个重要区别。当路网交通密度大于临界密度时，期望车速对路网车速的影响会减弱，这是因为受交通拥堵的影响，车辆很难加速。期望车速对路网车速的影响随着密度的增加而逐渐消失。

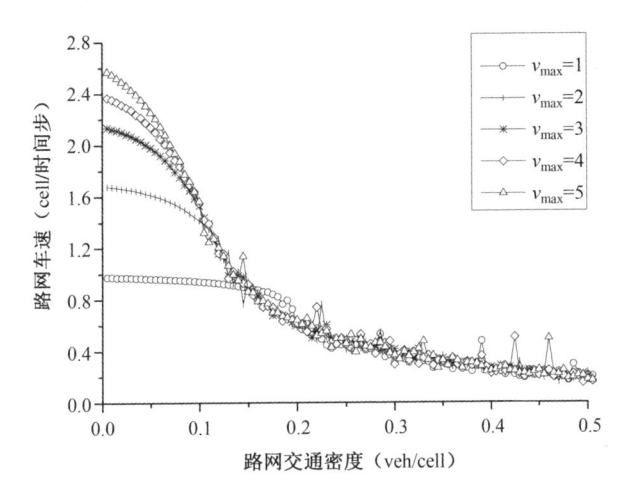

图 2.11 期望车速对路网车速的影响

2.3.2.4 换道概率的影响

人、车、路、环境是交通系统的四要素。在车辆行驶过程中，交通四要素协同工作，实现车辆的跟驰、超车和变换车道等运行过程。不同特征的驾驶员（驾驶目的、个性信息、心理因素、生理因素和技术水平等不同），在交通事故、交通冲突、交通拥堵等状况下的行为反应是不同的。根据驾驶员的反应，可以将驾驶员大致分为谨慎型和冒险型两类。

在双向通行的道路中，驾驶员在行车时遇到前方机动车停车排队或者缓慢行驶时，为了超越前方车辆，可以占用对面反向车道逆行一段，当前方有车开来或者母道行驶条件优于反向车道时，需尽快换回母道。并不是所有车辆符合借道超车条件时都会选择驶入反向车道。如果本车道前方局部车辆密度较高，而相邻方向车道密度较低时，谨慎型驾驶员通常不会换道，而冒险型驾驶员有可能会借反向车道通行，当迎面有车开来时，再换回本道，如果没有合适的空间供其返回，则可能造成交通堵塞。

换道概率对路网车速的影响如图 2.12 所示。当密度较低时，换道概率对路网车速的影响较小，这是因为当路网交通密度较低时，车辆处于自由流状态，车辆换道的需求较少，且换道后返回母道的机会较多。当路网交通密度增加时，换道概率开始发挥作用，换道概率越大，路网车速越低，这是由于借道超车存在一定的风险，虽然本书制定的规则能避免车辆碰撞，但借道超车容易造成驶入反向车道的车辆无法及时返回母道，堵塞对向车道，从而导致交通拥堵，降低路网车速。

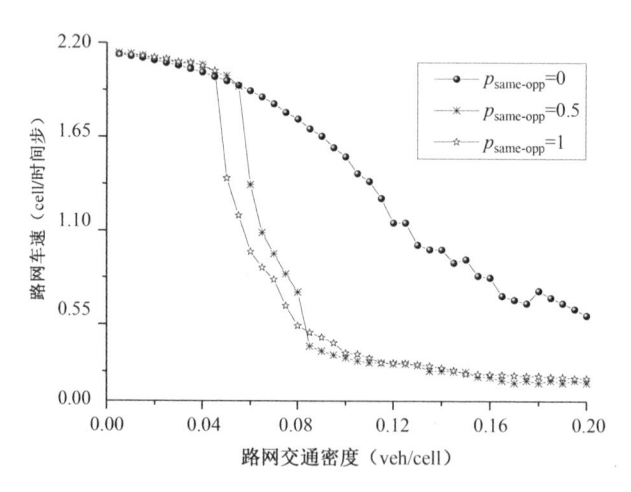

图 2.12 换道概率对路网车速的影响

2.4 信号控制的双向两车道路网元胞自动机模型

交叉口的控制方式对于交叉口的交通运行状态具有重要的影响。本节构建了一个由信号控制交叉口组成的两车道路网元胞自动机模型,用于研究交通信号灯对路网交通流的影响。

2.4.1 模型

2.4.1.1 路段上的车辆更新规则

每个时间步,车辆的速度和位置按照下述规则并行更新[74]。

(i) Step 1:加速,若 $v_n < v_{max}$,则 $v_n + 1$;若 $v_n = v_{max}$,则 v_n 不变,即 $v_n \to \min(v_n + 1, v_{max})$。

(ii) Step 2:减速,当交叉口内有车辆试图占用前方停车线内第一个元胞时,$v_n \to \min(v_n, d_n, s_n)$,表示车辆受前车影响和为了避让交叉口内的冲突车流而减速。

当交叉口内没有车辆试图占用前方停车线内第一个元胞时,可以分为红灯和绿灯两种情况。

Case I:绿灯时

① 直行车辆,$v_n \to \min(v_n, d_n)$,表示直行车辆绿灯时可以不减速通过交叉口。

② 左转和右转车辆,$v_n \to \min(v_n, d_n, s_n + 1)$,表示拐弯车辆绿灯时要减速通过交叉口,最高速度为 1 元胞/时间步。

Case II:红灯时

① 右转车辆受信号控制:$v_n \to \min(v_n, d_n, s_n)$,表示所有车辆碰到红灯时都要在停车线前停车等待。

② 右转车辆不受信号控制:

a. 直行和左转车辆:$v_n \to \min(v_n, d_n, s_n)$,表示直行和左转车辆受红灯影响而停车。

b. 右转车辆：如果左方道路上没有直行车辆试图占用本车前方停车线内第一个元胞时，$v_n \to \min(v_n, d_n, s_n+1)$，否则，$v_n \to \min(v_n, d_n, s_n)$，表示为了避免碰撞，转弯的机动车让直行的车辆先行。

（iii）Step 3：随机慢化，若 $v_n > 0$，随机慢化概率为 p，$v_n - 1$，即以概率 p $v_n \to \max(v_n - 1, 0)$。

（iiii）Step 4：运动，车辆按照 Step 1~3 中更新好的速度更新位置，即 $x_n \to x_n + v_n$，当 $x_n + v_n > L$ 时，表示车辆将进入前方交叉口或路段。

2.4.1.2 交叉口处的车辆更新规则

假设直行车辆在交叉口内的最高速度为 $v_{\max}$，拐弯车辆在交叉口内的速度可以取 0 或者 1。因此，直行车辆可以跨越交叉口内的元胞，而拐弯车辆不能跨越元胞。

（1）左转和右转车辆

对于交叉口内的左转和右转车辆，如果前方的元胞为空，则车辆在当前时间步结束时向前移动一个元胞，否则，车辆将停车等待。此规则适用于元胞 1~4 上面的拐弯车辆。

（2）直行车辆

对于交叉口内的直行车辆，是否减速取决于与前车的距离，如果与前车的距离大于或等于车辆速度，则按当前速度前进，如果与前车的距离小于车辆速度，则减速之后再前进，以避免与前车发生碰撞。此规则适用于元胞 1~4 上面的直行车辆。

2.4.2 模拟结果及分析

在计算机模拟中，选择路网规模为 5×5，路段元胞数 L 为 20，$v_{\max}$ 取 3，p 取 0.03。对相同的密度，分别模拟 10 次，每次模拟 10000 个时间步，直到仿真时间结束或路网堵死（$v=0$）。

2.4.2.1 信号控制对路网车速的影响

本研究假设交叉口采用如图 2.13 所示的固定周期的两相位控制形式，信号周期时长为 40 个时间步，两个相位的时间相同，均为 20 个时间步。信号控制对路网车速的影响如图 2.14 所示。当交叉口采用无信号控制时，路网车速要大于信号控制时的路网车速，这是因为，对于两车道交叉口，每个进口道只有 1 条车道，三个方向的车辆共用，且交叉口采用两相位控制，没有完全消除车辆之间的冲突，导致信号控制下的直行车辆并没有因为信号控制的存在而有明显的速度提升，反而由于信号控制损失了较多的交叉口通行能力，所以对于这种小路口，无信号控制时的车速要高于信号控制时的车速。信号控制对自由流状态时的路网交通流有非常重要的影响，当路网拥堵时，影响将减弱。

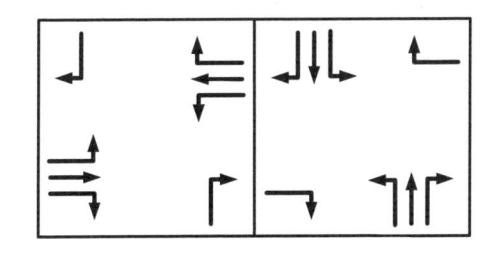

图 2.13 交叉口两相位信号控制

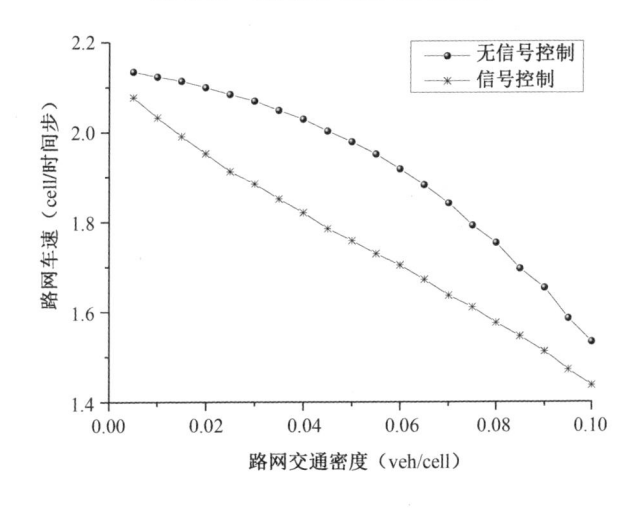

图 2.14 信号控制对路网车速的影响

2.4.2.2 车辆密度对最佳信号周期时长的影响

目前，交叉口信号配时优化的方法主要有英国的 Webster 法，澳大利亚的 ARRB 法，美国的 HCM 法，以及我国的停车线法和冲突点法等。本研究将最佳信号周期定义为路网交通量最大，即单位时间内到达目的地的车辆数最多时的信号周期长度，利用计算机仿真方法研究了最佳信号周期时长与路网交通密度之间的关系。

车辆密度对最佳信号周期时长的影响如图 2.15 所示。最佳信号周期时长随着路网交通密度的增加而呈上升趋势。最佳信号周期时长随着密度增加，逐渐上升，当密度低于 0.05 时，为 14 个时间步，当密度增加到一定值时，增长速度减缓，在 65 个时间步上下浮动。这是因为，密度较低时，各进口道上的车辆数较少，过长的信号周期会导致绿灯时间的浪费，导致另一方向车辆排队等候时间延长。因此，最佳信号周期时长随着密度增加而逐渐增加，趋向于某一固定的值，当密度增加至交叉口通行能力，即交叉口饱和时，最佳信号周期时长不再增加。

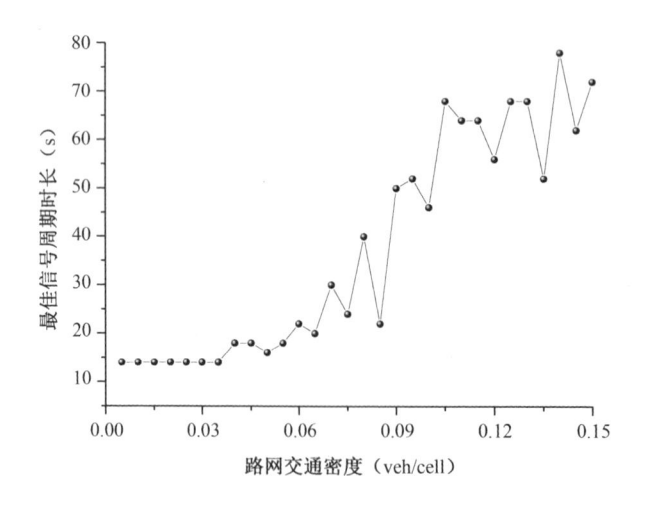

图 2.15 车辆密度对最佳信号周期时长的影响

2.5 本章小结

本章是本书的基础性工作,为城市路网交通流研究提供了基本的仿真平台和拥堵的评价方法,后续章节的模型是在本章模型的基础上扩展得到的。本章主要研究了城市路网交通流的动态特性。

2.2 节构建了城市路网交通流元胞自动机的基本模型,定义了车辆的 OD 属性和路径选择行为。除交叉口内的元胞外,路段上的所有元胞均可作为车辆的起讫点。假设所有车辆沿着距离最短的最短路行驶至目的地。利用 Dijkstra 算法求得最短路径树,车辆从中选择一条最短路完成出行。当车辆到达目的地时,随机选择一个新的目的地,继续在路网上行驶。建立了城市路网的评价指标体系,包括路网交通量、路网车速、路网交通密度、平均出行时耗、平均出行速度、拥堵规模和拥堵时间等。

2.3 节构建了无信号控制的双向两车道路网元胞自动机模型,研究了城市路网交通流的动态特性。路段上的车辆采用双向交通的两车道规则进行更新。交叉口处的车辆按照所处的位置,确定优先通行权。同时,为了避免车辆在交叉口的死锁,提出了一个避碰规则。仿真结果显示,网络基本图与道路交通流的基本图非常相似。随机慢化概率和期望车速对自由流状态时的路网交通流有非常重要的影响。当路网拥堵时,影响将减弱。换道概率对自由流状态时的路网交通流影响较小。当密度增加时,换道概率的影响增强。路网车速随着换道概率的增加而下降。而且,换道概率的增加还会导致临界密度下降,路网更加容易发生拥堵。

2.4 节构建了信号控制的双向两车道路网元胞自动机模型。车辆在交叉口前根据车辆的转向、信号灯状态和交叉口内的冲突车流情况决定是否进入交叉口。交叉口内的直行车辆可以不减速通过交叉口,左转和右转车辆的最高速度为 1 元胞/时间步长。因此,交叉口内的拐弯车辆和直行车辆分别遵循不同的更新规则。研究了信号灯对路网交通流的影响。仿真结果显示，无信号控制时的车速要高于信号控制时的车速。信号控制对自由流状态时的路网交通流有非常重要的影响，当路网拥堵时，影响将减弱。最佳信号周期时长随着路网交通密度的增加而增加，趋向于某一固定值。

第 3 章

大型活动影响下的城市路网拥堵特性及控制方法

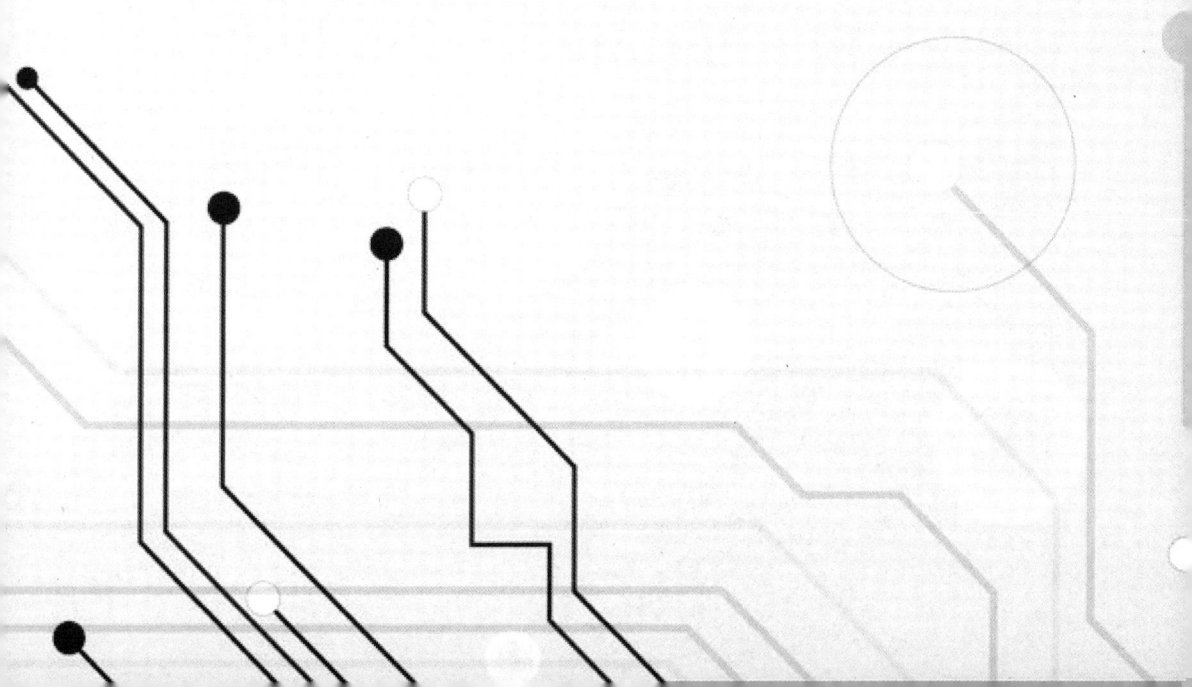

3.1 引言

交通网络承载着具有意志行为的个体组成的交通流。城市路网容量描述了道路网对交通需求的承载能力，与临界密度和交通拥堵之间存在密切的关系。交通需求一定的情况下，路网容量越大，交通拥堵发生的可能性越小。城市路网容量是城市交通规划与管理评价的一项重要指标。城市路网容量问题的研究，对指导规划部门、设计部门及管理部门合理确定城市的机动车发展规模、制订路网规划方案、改善城市交通状况、拟定城市可持续的交通发展战略、预防和缓解交通拥堵等具有重要的理论和实践意义。

演唱会、开闭幕式等大型活动开始之前作为交通需求吸引点，结束之后作为交通需求产生点，发生两股截然相反的交通流。大型活动进场和散场所产生的出行需求，会造成短时性局部交通需求激增，对城市交通基础设施和交通组织产生巨大的挑战，如果超过城市路网容量，就有可能会造成交通拥堵，甚至交通瘫痪。

本章在前一章构建的双向两车道城市路网交通流元胞自动机模型的基础上，将单车道路段扩展为双车道，考虑车辆的超车换道和转向换道行为，构建一个双向四车道路网元胞自动机模型，用于分析城市路网容量的影响因素，研究大型活动影响下的城市路网拥堵特性及控制方法。

3.2 双向四车道路网元胞自动机模型

城市路网由 $S \times S$ 条双向四车道的道路组成。道路被分为相向行驶的两个路段，每个路段包含 2 条车道，分别为直左和直右车道。每条车道被分割成 L 个元胞，每个元胞长度为 7.5m。在双向四车道城市路网中，每个方向的车流各占 2 条车道，车辆沿着路段方向行驶。车辆在交叉口可以直行、左转和右转。初始时，N 辆车随机分布在路网上。每辆车随机分配一个起点和一个目的地。除交叉口内的元胞外，路段上的所有元胞均可作为车辆的起讫点。车辆沿路径最短的最短路行驶，到达目的地后，重新选择一个目的地，继续在路网上行驶。车辆在交叉口处和路段上具有不同的运动模式，因此，下面分别描述路段上和交叉口处的车辆更新规则。

3.2.1 双向四车道车辆更新规则

如图 3.1 所示为双向四车道路段示意图，K_n 表示第 n 辆车在路段中所处的车道（$K_n = 1, 2 \cdots, K$，最内侧车道为 1 号车道，依次向外侧类推），K_{other} 表示相邻车道的编号。F_n 表示第 n 辆车在下一个交叉口的转向（$F_n \in [1,3]$），$F_n = 1$ 时，表示左转，$F_n = 2$ 时，表示直行，$F_n = 3$ 时，表示右转。$v_{n,back}$ 表示相邻车道后方车辆的速度。车辆的更新过程由两个步骤来完成，第一步，车辆按照换道规则进行换道；第二步，换道后，各条车道上的车辆按照单车道模型规则前进。

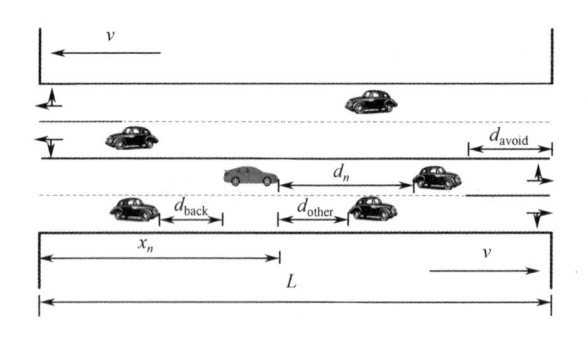

图 3.1 双向四车道路段示意图

3.2.1.1 换道

双向四车道上存在两种换道行为，分别为转向换道和超车换道。假设每个时间步，每一辆车只能换道一次，而且，如果在禁止变换车道线前车辆没有换道成功，车辆会在禁止变换车道线前停车，等待机会换道，即只有当 $x_n \leqslant L - d_{\text{avoid}}$ 时，车辆才有可能换道。现分别描述转向换道规则和超车换道规则：

（1）转向换道

假设，车辆从上游交叉口进入路段之后，会根据在下一个交叉口的转向，提前向该方向的车道进行换道，但必须保证与相邻车道后方车辆之间有足够的安全距离时，才能换道。

① （$F_n=1$ 且 $K_n=2$）或（$F_n=3$ 且 $K_n=1$），表示左转车辆在外侧车道上，或者右转车辆在内侧车道上，即车辆不在正确的车道上。

② $d_{\text{back}} > d_{\text{safe}}$，表示车辆与相邻车道后车距离大于安全距离。为了避免碰撞，必须保证 $d_{\text{safe}} \geqslant v_{n,\text{back}}$，当驾驶员比较谨慎时，$d_{\text{safe}}$ 可以取 v_{max}。

当满足上述两个条件时，车辆以概率 P_{turn}，$x_n \to x_{n,\text{other}}$ 向旁边车道换道，P_{turn} 表示车辆满足转向换道条件时选择换道的概率。一般来说，P_{turn} 不是一个定值，其随着车辆与下游交叉口的距离缩小而增大。

（2）超车换道

假设，当前车发生事故或者随机慢化，导致本车无法按照当前速度正常行驶，且旁边车道行驶条件较好时，部分车辆会选择换道，另一部分车辆则选择减速跟驶。

① $\min(v_n+1, v_{\max}) > d_n$，表示车辆速度大于与前车间的距离，产生换道意愿。

② $d_{\text{other}} > d_n$，表示车辆与旁边车道前车间的距离大于与本车道前车间的距离。

③ $d_{\text{back}} > d_{\text{safe}}$，表示车辆与相邻车道后车距离大于安全距离。

当满足上述三个条件时，车辆以概率 $P_{\text{same-same}}$，$x_n \to x_{n,\text{other}}$ 向旁边车道换道，$P_{\text{same-same}}$ 表示车辆满足超车换道条件时选择换道的概率。

3.2.1.2 纵向位置更新

（1）加速

若 $v_n < v_{\max}$，则 v_n+1；若 $v_n = v_{\max}$，则 v_n 不变。即 $v_n \to \min(v_n+1, v_{\max})$，表示驾驶员都有以尽量快的速度行驶的一般趋势，但不能超过最高车速。

（2）减速

若（ $F_n=1$ 且 $K_n=1$ ）或（ $F_n=3$ 且 $K_n=2$ ）或 $F_n=2$，则 $v_n \to \min(v_n, d_n, s_n)$，表示在正确车道上的车为了防止和前车发生碰撞而采取的减速避让行为，并且车辆必须在停车线前停车瞭望，不能直接进入交叉口。

若（ $F_n=1$ 且 $K_n=2$ ）或（ $F_n=3$ 且 $K_n=1$ ），则 $v_n \to \min(v_n, d_n, s_n - d_{\text{avoid}})$，表示不在正确车道上的车除受前车影响外，还不能越过禁止变换车道线，即如果车辆没有在禁止变换车道线前变道成功的话，会停车等待机会换道。

（3）随机慢化

以随机慢化概率 p，$v_n \to \max(v_n-1, 0)$，对应于现实中各种不确定性因素造成的驾驶员的随机减速。

（4）纵向位置更新

在 $t+1$ 时刻，$x_n \to x_n+v_n$，车辆按照上述步骤中更新好的速度向前行驶。

3.2.2 交叉口处的车辆更新规则

如图 3.2 所示，交叉口处的 12 支车流产生了 48 个冲突点。交叉口处的元胞按照冲突点数量被分为三种类型：（i）交叉口内层元胞（即元胞 13~16）；（ii）交叉口外层元胞（即元胞 1~12）；（iii）交叉口外围元胞（即元胞 17~24）。直行、左转和右转的车辆沿着不同的轨迹穿过交叉口。例如，Lane1 上的左转车辆沿着元胞 17、12、13、14、15、8 和 29 进入 Lane8；直行车辆可以沿着元胞 17、12、13、14、5 和 25 进入 Lane6，也可以沿着元胞 18、1、2、3、4 和 26 进入 Lane6；右转车辆沿着元胞 18、1 和 32 进入 Lane7。其余的三个方向

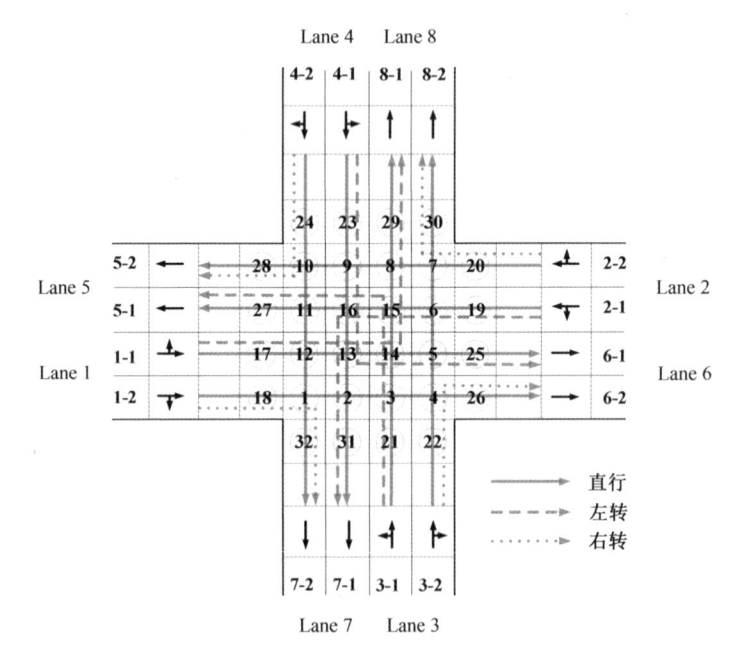

图 3.2 双向四车道交叉口示意图

遵循同样的运动模式。假设车辆在交叉口内的速度可以取 0 或者 1。因此，车辆在交叉口处必须逐一经过上述元胞，不能跨越。

为了避免车辆相撞，假设交叉口内层元胞上的车辆比交叉口外层元胞上的车辆具有优先通行权，交叉口外层元胞上的车辆比交叉口外围元胞上的车辆具有优先通行权。交叉口处的车辆按照下述四条规则进行更新：

（1）交叉口内层元胞上的车辆更新规则

如果车辆前方的元胞是空的，则车辆向前移动一个元胞，否则，车辆将停车等待。此规则适用于元胞 13~16 上面的所有车辆。

（2）交叉口外层元胞上的车辆更新规则

如果车辆的前方元胞是空的，且交叉口内层元胞上不存在车辆试图占用或靠近该元胞，则车辆向前移动一个元胞，否则，车辆将停车等待。例如，如果元胞 16 被一个从 Lane2 到 Lane7 的左转车，或者从 Lane4 到 Lane7 的直行车，或者从 Lane4 到 Lane6 的左转车占据的话，元胞 12 上的车辆禁止驶入元胞 13。如果元胞 13 和 16 中至少有一个被从 Lane2 到 Lane7 的左转车，或者从 Lane2 到 Lane7 的直行车占据的话，元胞 1 上的车辆禁止驶入元胞 2。此规则适用于元胞 1~12 上面的所有车辆。

（3）交叉口外围元胞上的车辆更新规则

如果车辆的前方元胞是空的，且交叉口外层元胞上不存在车辆试图占用或靠近该元胞，则车辆向前移动一个元胞，否则，车辆将停车等待。例如，如果元胞 10 和 11 中至少有一个被从 Lane4 到 Lane7 的直行车占据的话，元胞 17 上的车辆禁止驶入元胞 12。如果元胞 10、11、12 中至少有一个被从 Lane4 到 Lane7 的直行车占据的话，元胞 18 上的车辆禁止驶入元胞 1。此规则适用于元胞 17~24 上面的所有车辆。

（4）避免"死锁"规则

当元胞 13~16 为空，且元胞 3、6、9、12 被试图进入上述元胞的车辆占据时，交叉口将发生"死锁"现象。在这种特殊情形中，如果四辆车同时前进一个元胞，则元胞 13～16 将在下一个时间步同时被占据，导致四辆车无法继续前进。为了避免这种"死锁"现象的发生，从元胞 3、6、9、12 中随机选择一辆车停车等待，其余三辆车则前进一个元胞。

3.3　城市路网容量

城市路网存在一个临界密度，当密度小于临界密度时，车辆能够按照较高的速度自由行驶，不会形成交通拥堵；当密度大于临界密度时，路网将发生交通拥堵，运行一段时间后会产生拥堵闭环，形成交通瘫痪。临界密度与城市路网容量之间有着非常密切的关系。交通网络容量与道路交通网络布局形式、等级结构、交通网络密度、交叉口的道路条件、控制方式、交通方式、路段通行能力、交叉口间距等交通网络的道路条件及交通条件密切相关，同时还受到交通需求与交通网络匹配程度、交通个体的路径选择行为和交通网络的服务水平的影响。将城市路网容量定义为临界密度下路网内运行的最大车辆数，即路网元胞总数与临界密度的乘积：

$$N_c(\rho) = N_{cell} \times \rho_c(N) \qquad (3.1)$$

采用前面的双向四车道城市路网元胞自动机模型模拟不同条件对城市路网容量的影响。采用 5×5 的双向四车道城市路网作为基础网络，分别改变路网规模、路网结构、OD 分布、换道概率和交叉口控制方式，研究交通路网容量影响因素的作用。

基础网络包含 25 个节点，80 个路段。每个路段的长度为 20 个元胞，有 2 个车道。车辆的起讫点按随机原则分配，因此，各个 OD 对之间的交通分布量是相等的。车辆在路段上的最高速度为 3 元胞/时间步，慢化概率为 0.03，转向换道概率为 1，超车换道概率为 0.2。交叉口采用无信号控制。

在计算机模拟中，对不同的条件分别进行仿真。每次模拟时，从初始密度 $\rho = 0.005$ 开始，密度每次增加 0.005，每个密度模拟 10^7 个时间步，直到模拟到系统收敛（$v=0$，全部车辆处于静止状态，形成交通瘫痪），或仿真时间结束。若仿真时间内，系统未收敛，则将系统清零，增加密度后重新模拟，直到系统收敛为止。

3.3.1 路网规模对路网容量的影响

路网规模对路网容量的影响如图 3.3 和表 3-1 所示。数值模拟结果表明，路网规模和路网容量之间存在以下关系。

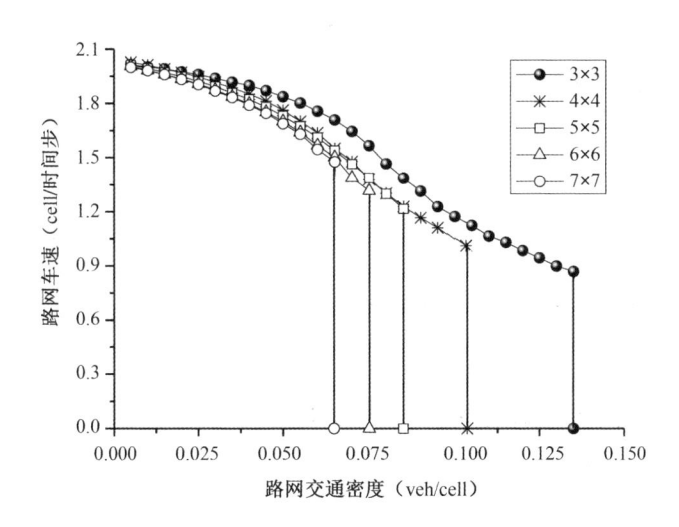

图 3.3 路网规模对路网容量的影响

表 3-1 各种规模网络的相关指标

Size	K	L	N_{cell}/路网元胞总数	$\rho_c(N)$/临界密度	$N_c(\rho)$/临界容量
3×3	2	20	1104	0.135	149
4×4	2	20	2176	0.1	218
5×5	2	20	3600	0.085	306
6×6	2	20	5376	0.075	403
7×7	2	20	7504	0.065	488

① 不同规模的路网都存在着一个与之对应的临界密度 $\rho_c(N)$ 和路网容量 $N_c(\rho)$。比如规模为 3×3 的路网临界密度为 0.135，路网容量为 149 辆；规模为 5×5 的路网临界密度为 0.085，路网容量为 306 辆。当路网中的车辆数超过路网容量时，只要运行时间足够长，就有可能形成拥堵闭环，造成交通瘫痪。

② 临界密度随着路网规模的增加而减小。当路网规模较小时，临界密度 $\rho_c(N)$ 较大，随着路网规模的逐渐增大，$\rho_c(N)$ 逐渐减小。这是因为，当路网规模较大时，较小的密度也意味着较多的车辆，如果这些车辆都集中于某一区域，就有可能形成拥堵闭环。这也解释了为什么车均道路面积相同时，大城市更容易发生交通拥堵。目前的模拟结果还无法确定当系统尺寸趋于无穷大时，$\rho_c(N)$ 是收敛于一个临界值 ρ_c，还是收敛于 0。

③ 路网容量随着路网规模的增加而增大，但是路网容量的增加幅度要小于路网规模的增加幅度。比如，7×7 的路网与 3×3 的路网相比，元胞总数多了 6400，增加了 6 倍，但是路网容量只多了 339，只增加了 3 倍不到。据此，可以得出推论：即使道路网建设速度和交通需求增长的速度一样，城市路网也会越来越拥堵。

3.3.2 路网结构对路网容量的影响

路网结构是一个综合性的概念，包括路网功能结构、路网等级结构和路网布局结构。本节选择表 3-2 中所示的三个结构不同的网络进行模拟，分析了路网结构对路网容量的影响。

路网结构对路网容量的影响如表 3-2 和图 3.4 所示。数值模拟结果表明，路网结构和路网容量之间存在以下关系：

表 3-2　各种结构网络的相关指标

Size	K	L	N_{cell}	$\rho_c(N)$	$N_c(\rho)$
5×5	2	20	3600	0.085	306
5×5	1	20	1700	0.11	187
4×4	2	35	3616	0.09	325

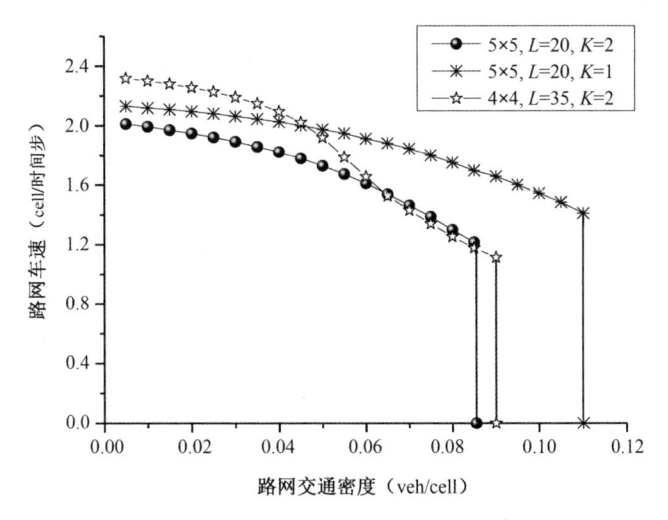

图 3.4　路网结构对路网容量的影响

① 道路拓宽能够提高路网容量，但是路网容量的增长倍数要小于车道数量的增加倍数。规模为 5×5 的双向两车道路网，原先的临界密度为 0.11，路网容量为 187 辆。假设保持该路网的路段长度和规模不变，将双向两车道变为双向四车道，则路网元胞总数从 1700 变成了 3600，道路宽度拓宽了 1 倍，路网总面积增加了 1.1 倍，而路网容量只增加到了 306 辆，仅比原先增加了 0.6 倍。这说明，单纯依靠拓宽道路，并不能带来同等效应的路网容量增长。

② 道路面积相同的路网，路网容量随着交叉口数量的增加和路段长度的减少而下降。假设有两个路网，均为双向四车道，一个规模为 5×5，路段长度为 20 个元胞，交叉口数量为 25 个，另一个规模为 4×4，路段长度为 35 个元胞，交叉口数量为 16 个，两个路网的元胞总数分别为 3600 和 3616 个元胞。前一个路网的临界密度为 0.085，路网容量为 306 辆，后一个路网的临界密度

为 0.09，路网容量为 325 辆。这说明，交叉口数量的减少和路段长度的增加有利于提高路网容量。

3.3.3　OD 分布对路网容量的影响

OD 分布就是起始点和终点的分布，在单一时刻是一个二维矩阵，在连续时间下是一个三维矩阵。矩阵中的每个数指的是在某时刻某一位置到另一位置的个体数量。

在基础网络中，车辆的起讫点的选择是随机的，因此，OD 分布是均衡的，每个路段产生和吸引的交通量是相等的，各个 OD 对之间的交通分布量也是相等的。表 3-3 显示了规模为 5×5 的路网中 80 个路段在最短路径集合中被选中的概率，如果车辆的起讫点按照随机的原则在路段元胞中选择，那么各个路段之间的 OD 分布量是相等的，此时，各个路段分配的流量将与其在最短路中被选中的概率呈正相关关系，即被选中概率越大的路段流量越大。将 OD 分布的随机原则改为与路段被选中的概率成反比，即被选中概率越大的路段被选为起讫点的概率越低，以此来模拟 OD 匹配程度对路网容量的影响。

表 3-3　规模为 5×5 的路网各路段在最短路径集合中被选中的概率

路段编号	比例（%）
1，7，9，18，63，72，74，80	6.0
2，8，10，17，64，71，73，79	7.2
3，5，27，36，45，54，76，78	7.3
11，16，19，25，56，62，65，70	9.0
4，6，28，35，46，53，75，77	9.4
12，15，20，26，55，61，66，69	9.9
13，14，37，38，43，44，67，68	10.3
21，23，29，34，47，52，58，60	12.6
22，24，30，33，48，51，57，59	13.8
31，32，39，40，41，42，49，50	14.4
合计	100

OD 分布对路网容量的影响如图 3.5 所示。OD 随机分布时的路网临界密度为 0.085，OD 分布与路段被选中的概率成反比时的路网临界密度为 0.09。可见，提高 OD 分布与路网的匹配程度能够提高路网容量。除了提高路网容量，提高 OD 与路网的匹配程度还能够提高路网车速，这说明交通量在路网上的集聚程度有所下降，有利于路网整体效率的提高。

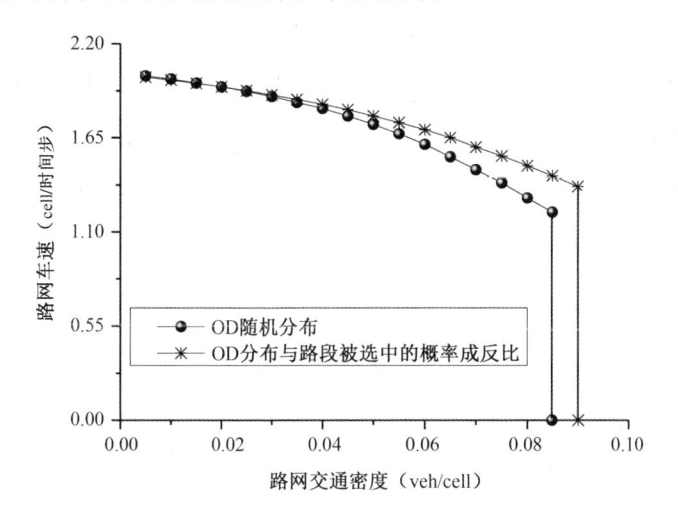

图 3.5　OD 分布对路网容量的影响

3.3.4　换道概率对路网容量的影响

如前所述，车辆在路段上存在两种换道行为，包括为了超车而从母道换到母道，以及为了转向而换道。每种换道都对应一个概率，表明车辆符合换道条件时，存在两种选择，一是换道，二是不换道。本研究假设转向换道概率为 1，研究超车换道概率对路网容量的影响。

超车换道概率对路网容量的影响如图 3.6 所示。超车换道概率 $P_{\text{same-same}} = 0$ 时，即不允许超车换道时，路网临界密度为 0.07。当 $P_{\text{same-same}} = 0.2$ 时，路网临界密度为 0.085。这说明当其他条件相同时，允许超车比不允许超车的路网临界密度要大一些，路网容量更大，承载能力更高。这是由于城市路网中的车辆在路段上行驶时都具有一定的转向行为，为了能在到达下游交叉口前进入正确的车道，会提前往正确的车道换道，而一个路段上车辆直行、左转和右转的比例一般是不均衡的。如果车辆不允许超车，那么车道之间的排队长度会有较大的差异，更容易形成拥堵闭环。如果车辆允许超车，那么车道之间的不均衡性会被打破，各条车道的利用率会比较均匀，从而能够延缓拥堵闭环的形成。但是，超车概率并非越大越好。当超车换道概率 $P_{\text{same-same}}$ 为 1 时，路网临界密度为 0.075，路网容量反而比 $P_{\text{same-same}}=0.2$ 时下降了。这是因为车辆的频繁换道会导致本车或其他车辆无法在禁止变换车道线前进入正确的车道，从而导致车辆在禁止变换车道线前停车等待，增加了拥堵闭环形成的可能性。可见，适当的超车概率能够提高路网容量。

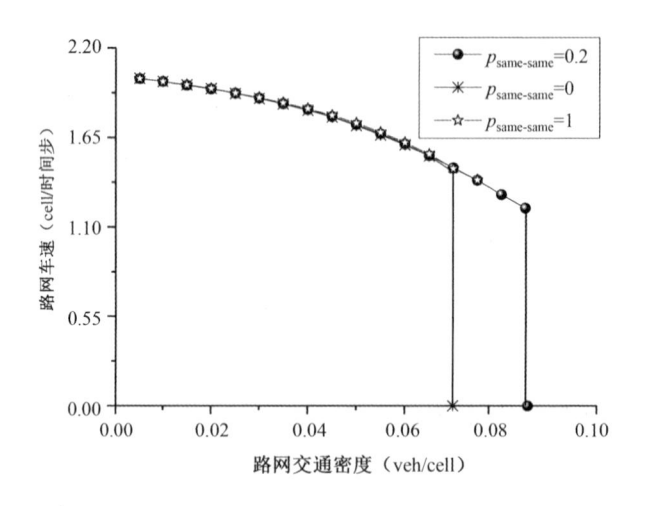

图 3.6 超车换道概率对路网容量的影响

图 3.7 显示了路网交通密度与单位时间换道车辆数之间的"S"形关系。当路网交通密度很低时，由于路网上的车辆数量较少，车辆能够在本车道上以较高的速度行驶，很少需要超车，所以换道车辆数相对较少。当路网交通密度增加且未超过临界密度时，换道车辆数直线上升，这是因为，车辆之间的相互作用加强，车辆的换道需求比较强烈，而换道条件又相对比较容易满足。当路网交通密度进一步增加至超过临界密度时，单位时间换道车辆数的增加趋势逐渐减缓，直至下降，此时，路网发生了交通拥堵，车辆虽然有超车的意愿，但

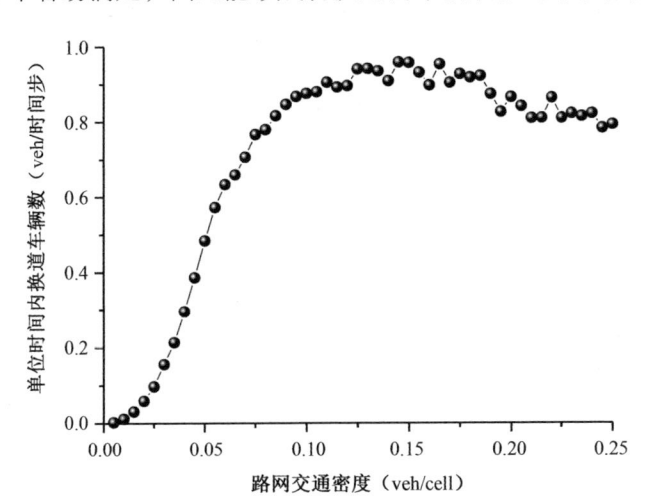

是换道条件不容易满足，因此能够成功换道的车辆数相对来说减少了。

图 3.7　路网交通密度与单位时间换道车辆数的关系，$P_{\text{same-same}} = 0.2$

3.3.5　信号控制对路网容量的影响

假设交叉口采用两相位信号控制，相位如图 2.13 所示。仿真过程中，所有右转车辆不受信号控制。选取固定的信号周期，信号周期长度为 40 个时间步。

信号控制对路网容量的影响如图 3.8 所示。当密度低于临界密度时，采用信号控制会使路网车速下降，当密度提高，接近无信号控制路网的临界密度时，信号控制与无信号控制之间的差距减少，说明此时信号控制开始发挥作用。当密度大于无信号控制路网的临界密度时，无信号控制路网陷入交通瘫痪，而采用信号控制的路网仍然能够有序运行，直到密度增加至信号控制路网的临界密度。这说明交叉口采用信号控制不仅能提高安全性，还能提高通行能力，增加路网容量。可见，当密度较低时，采用无信号控制是有利的，当密度较高时，采用信号控制更有利一些。

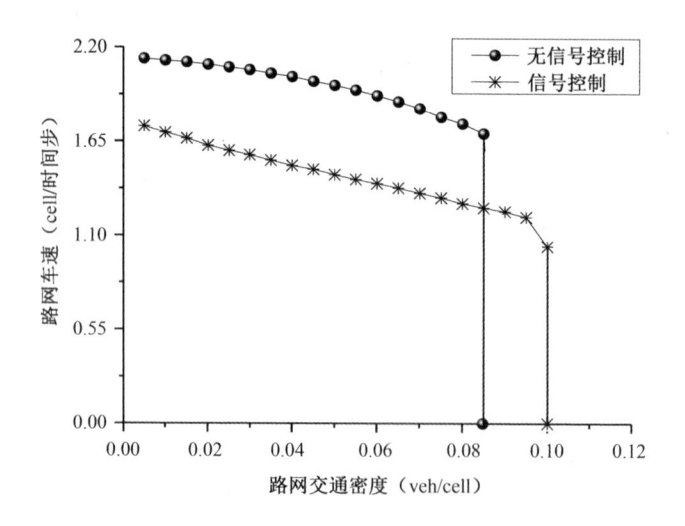

图 3.8　信号控制对路网容量的影响

3.4　大型活动模拟及分析

在计算机模拟中，路网仿真参数设置与上一节相同。大型活动进口位于 31 号路段，进场和散场时间均为 1 小时。车辆在进场前的 1 小时内服从均匀分布从路网中随机产生，目的地为 31 号路段，散场后 1 小时内服从均匀分布，从 31 号路段产生，目的地在路网中的其余路段随机分配。对相同的背景交通量或活动规模，分别模拟 10 次，每次模拟 3600 个时间步，直到仿真时间结束或路网堵死（$v = 0$）。如果实际的仿真时间小于 3600 个时间步，就按实际的仿真时间计算路网车速。

3.4.1　背景交通量的影响

活动规模为 900 辆时，背景交通量对路网车速的影响如图 3.9 所示。可以看出，不论是进场还是散场，路网车速均随着背景交通量的增加而下降。在低密度时，相同的背景交通量下，散场时的路网车速要明显低于进场时的路网车速，散场交通流的影响要大于进场交通流。当密度增加至接近临界密度时，散场和进场时的路网车速趋于一致。当密度高于临界密度时，散场时的路网车速反而高于进场时的路网车速，这是因为随着交通拥堵的发生，大型活动场所门口路段已经严重拥堵，实际进入路段的车辆数明显减少，而进场时由于起点位于路网各个路段，不受此影响，即进场时路网总车辆数要高于散场时的路网总车辆数，所以散场时的路网车速要高于进场时的路网车速。

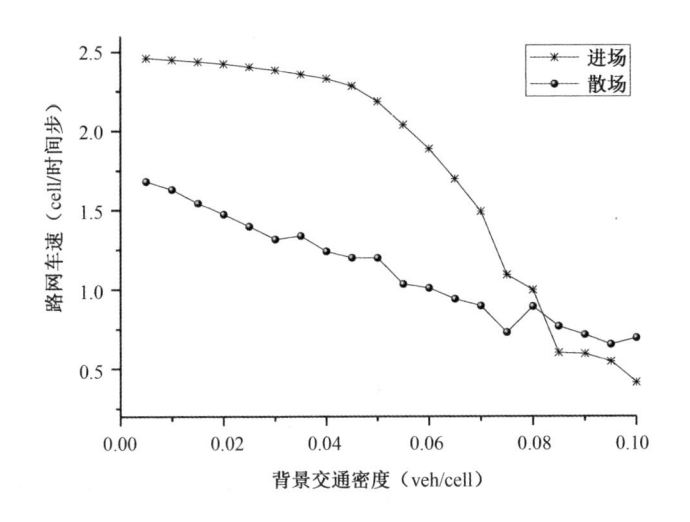

图 3.9 进场与散场时背景交通量对路网车速的影响

大型活动中背景交通量对活动参与者平均出行时耗的影响如图 3.10 所示。背景交通量越大，参加活动者在路网上消耗的时间越多。背景交通密度低于 0.05 时，参加大型活动的车辆出行时耗基本相同，当密度大于 0.05 时，出行时耗直线上升，这是因为随着路网上车辆数量的增加，路网开始拥堵，车辆处于时走时停的状态，到达大型活动场所的难度增加。可见，在早晚高峰时间段，大型活动对路网的影响较大，在平峰时间段，大型活动的影响较小。

大型活动对路网各路段的影响如图 3.11 所示。没有大型活动时，路网各个路段的车速普遍在 2.5 左右，当 31 号路段举行大型活动时，不论进场还是散场，都造成了某些路段车速下降，而某些路段则不受影响。散场和进场时影响的路段并不是完全一样的，比如进场时主要影响的是 24、32、42 和 60 号路段，而散场时主要影响的是 12、20、24、31、32、50 和 60 号路段。可见，散场时的影响范围要大于进场时的影响范围，同时，散场时的路网车速下降幅度明显要大一些。另外，并非只有大型活动周边的路段才会成为拥堵的瓶颈，较远的路段也可能会因为大型活动的产生而发生交通拥堵，这为交通管理部门提供了大型活动时交通拥堵控制方案制定的依据。

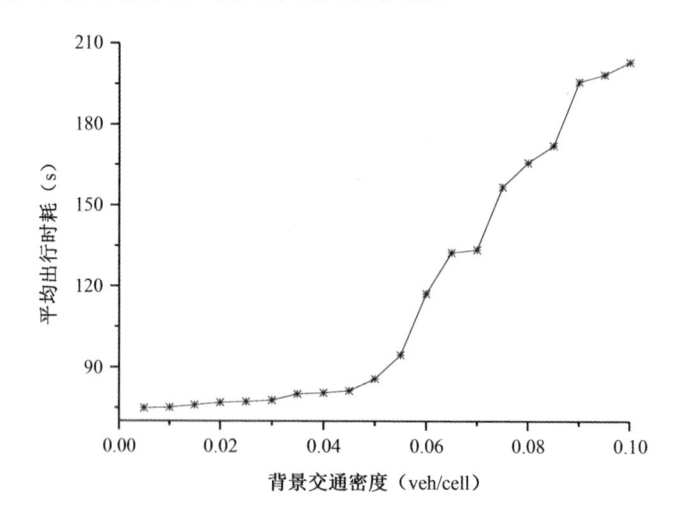

图 3.10 大型活动中背景交通量对活动参与者平均出行时耗的影响

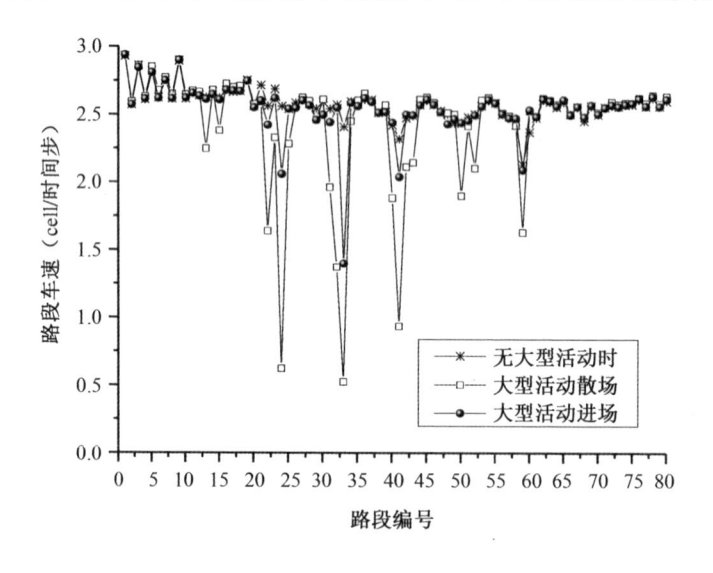

图 3.11 大型活动对路网各路段车速的影响

3.4.2 活动规模的影响

大型活动发生时,活动规模取决于活动的性质。不同规模的活动会吸引数量不同的车辆数。当活动规模较大时,吸引的车辆数较多,对路网产生的影响较大,活动规模较小时,吸引的车辆数较少,对路网产生的影响较小。

背景交通量为 0.075 时,大型活动规模对路网车速的影响如图 3.12 所示。路网车速随着大型活动规模的增加而下降。当大型活动规模较小时,路网车速呈现平滑下降的趋势,当活动规模增加至每小时产生 900 辆车时,路网车速开始呈直线下降趋势,原因是此时大型活动吸引交通量与背景交通量的叠加值已经达到了路网的临界密度,路网形成交通拥堵,车速明显下降。

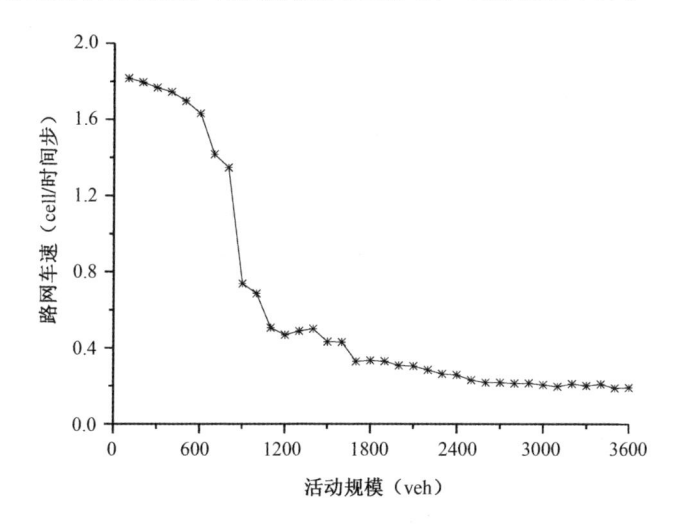

图 3.12 大型活动规模对路网车速的影响

3.5 交通拥堵控制方法

3.5.1 限制出行

限制出行策略对路网车速的影响如图 3.13 所示。背景交通量从 0.075 减少为 0.05 时，即日常出行交通量缩减为原先的 2/3 时，对于不同的活动规模，路网车速均有所提升。当路网车速相同时，限制出行后，大型活动规模可以明显增加。限制出行策略的作用随着大型活动规模的增加而减弱，当活动规模很大时，限制出行策略几乎发挥不了作用，这是因为此时大型活动产生的交通量已经超过了路网容量，即便日常出行交通量很少，路网也很容易就发生交通拥堵，形成交通瘫痪。

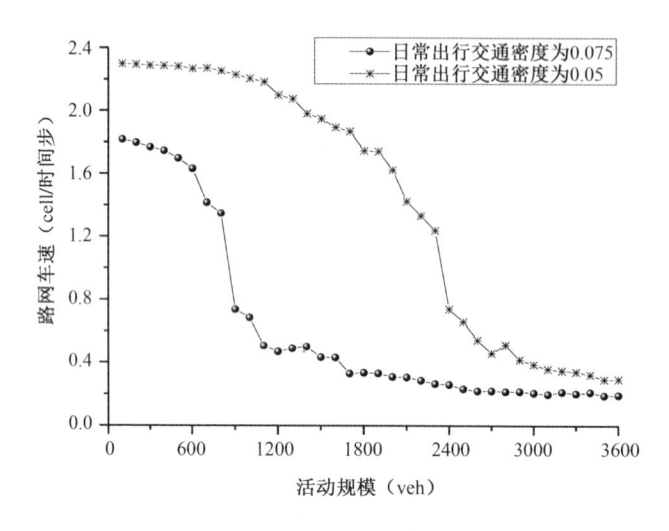

图 3.13 限制出行策略对路网车速的影响

3.5.2 错时出行

假设日常出行对应的路网交通密度为 0.075，大型活动规模为总共吸引 900 辆车。这些车辆按照两种方式选择出行时间，第一种为 900 辆车在 1 个小时内出发，第二种为 900 辆车在 2 个小时内出发，车辆的产生在时间和空间上均服从随机均匀分布。对这两情况下的路网车辆总数 N_t 随时间步的变化分别进行模拟。

错时出行对路网车辆数的影响如图 3.14 所示。当 900 辆车全部集中在 1 个小时出发时，路网车辆数随着时间慢慢增加，最高达到了 963 辆，超过了该路网的容量，如果按照这个密度继续运行的话，路网将发生严重的交通拥堵，直至交通瘫痪。当采用错时出行，即 900 辆车分 2 个小时出发时，路网车辆数随时间的变化不明显，最高只达到了 730 辆，说明出发和到达的车辆数基本达到了平衡，对路网没有造成很大的影响。可见，同样的活动规模，采用错时出行，能够缓解交通拥堵，降低对路网的影响，是一种非常有效的措施。

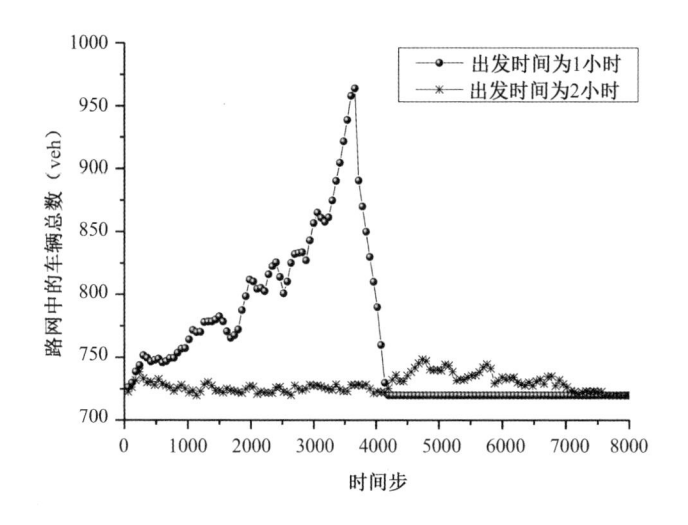

图 3.14 错时出行对路网中的车辆总数的影响

3.6 本章小结

本章构建了双向四车道路网元胞自动机模型，研究了路网容量的影响因素，分析了大型活动进场和散场时的交通拥堵特性，探讨了活动规模和背景交通量对路网交通流的影响，评价了限制日常出行和引导活动参与者错时出行等措施的实施效果。

在 3.2 节，构建了双向四车道路网元胞自动机模型。每个路段由直左和直右两条车道组成，车辆根据前方交叉口的转向在禁止变换车道线前换道。交叉口处的车辆遇到冲突车流时，按照所处的位置确定是否具有优先通行权。交叉口处的元胞被分为内层元胞、外层元胞和外围元胞三类。规定交叉口内层元胞上的车辆比交叉口外层元胞上的车辆具有优先通行权，交叉口外层元胞上的车辆比交叉口外围元胞上的车辆具有优先通行权。为了避免车辆在交叉口的死锁，提出了一个避碰规则。

在 3.3 节，研究了路网规模、路网结构、OD 分布、换道概率、交叉口控制方式等因素对路网容量的影响。将城市路网容量定义为临界密度下路网内运行的最大车辆数。不同规模的路网都存在着一个与之对应的临界密度和路网容量，当路网中的车辆数超过路网容量，只要运行时间足够长，就有可能形成拥堵闭环，造成交通瘫痪；临界密度随着路网规模的增加而减小；路网容量随着路网规模的增加而增大，但是路网容量的增加幅度要小于路网规模的增加幅度，也就是说即使道路网建设速度和交通需求增长的速度一样，城市路网也会越来越拥堵。路网容量与路网结构密切相关，道路拓宽能够提高路网容量，但是路网容量的增长倍数要小于车道数量的增加倍数，这说明单纯依靠拓宽道路，并不能带来同等效应的路网容量增长；道路面积相同的路网，路网容量随着交叉口数量的增加和路段长度的减少而下降。提高车辆的起讫点与路网的匹配程度能提高路网容量。禁止换道和频繁换道都会降低路网容量，换道成功率随着路网交通密度的增加而下降。信号控制能够提高路网容量，密度较低时，信号控制下的路网车速低于无信号控制下的路网车速，密度较高时则正好相反。

在 3.4 节和 3.5 节，对大型活动这一可预测的交通事件进行了模拟。不论是进场还是散场，路网车速均随着背景交通量的增加而下降，散场时产生的交通需求比进场时吸引的交通需求对路网交通流的影响更大。背景交通量越大，活动参与者到达活动场所的平均出行时耗越大。大型活动进场和散场时分别会导致不同的路段车速下降。路网拥堵随着活动规模的增大而加剧，当大型活动规模较小时，路网车速呈现平滑下降的趋势，当活动规模与背景交通量的总和增大至路网容量时，路网车速将直线下降，形成交通拥堵。限制日常出行策略能够提高路网车速，其效果随着大型活动规模的增加而减弱；错时出行策略通过引导活动参与者在更长的时间段内出发，而非集中在短时间内出发，可以提高路网车速，特别是当路网背景交通量较大时，如果活动参与者集中出发，有可能会使路网内的总车辆数超过路网容量，形成交通拥堵，严重时可造成交通瘫痪，通过实施错时出行策略，能够缓解交通拥堵，降低对路网的影响。

第 4 章

道路施工影响下的
城市路网拥堵特性及控制方法

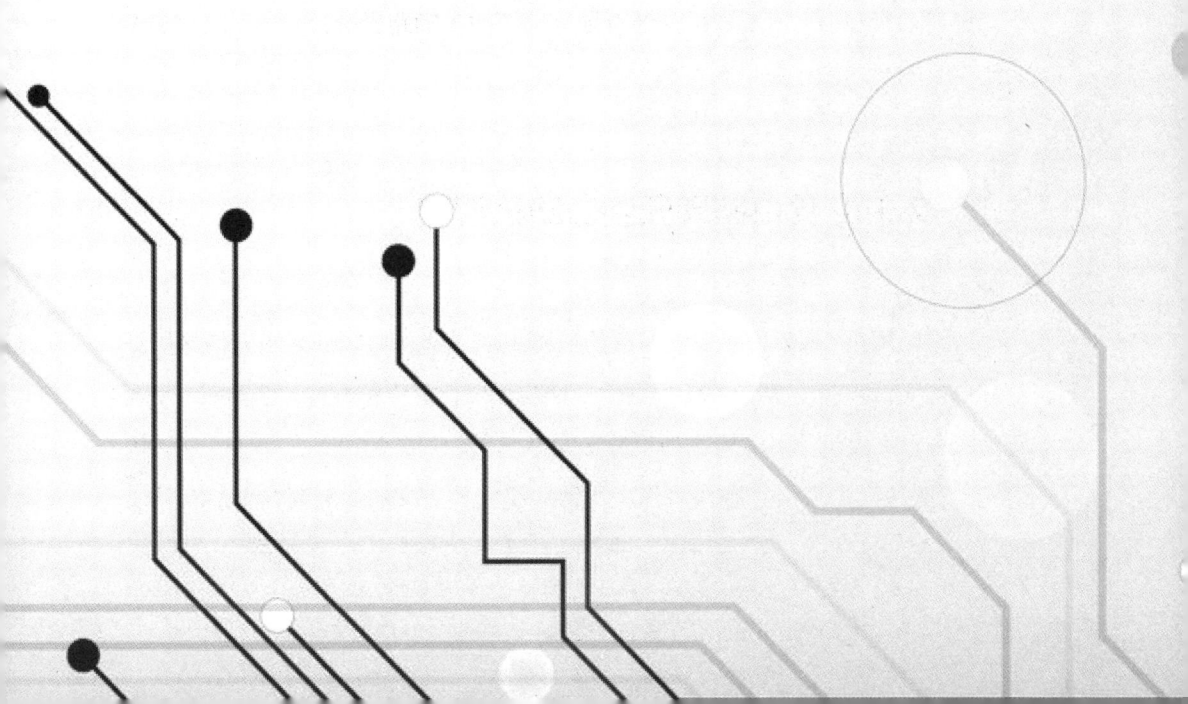

4.1 引言

道路施工属于可预测的交通事件，包括半封闭施工和全封闭施工两种类型。半封闭施工是在一个局部路段封闭部分车道用于施工，全封闭施工是对道路一个方向或两个方向的车道全部封闭。在交通诱导环境下，道路施工期间，车辆可以根据诱导信息选择绕道行驶，从而保证道路封闭施工后，道路交通流能进行合理的分配，从而改善路面交通系统，缓解交通拥堵。

本章构建了一个由环形交叉口和双向六车道的道路组成的城市路网交通流元胞自动机模型，用于分析交通诱导环境下的车辆路径选择行为，研究在道路施工影响下的城市路网拥堵特性及控制方法。

4.2 环形交叉口路网元胞自动机模型

城市路网由 $S \times S$ 条双向六车道的道路组成。交叉口全部采用无信号控制的环形交叉口控制方式。车辆在交叉口可以直行、左转和右转。初始时，N 辆车随机分布在路网上。每辆车随机分配一个起点和一个目的地。除了交叉口内的元胞，路段上的所有元胞均可作为车辆的起讫点。车辆沿路径最短的路行驶，到达目的地后,重新选择一个目的地,继续在路网上行驶。

4.2.1 路段上的车辆更新规则

如图 4.1 所示,双向六车道的道路被分隔成相向行驶的两个路段,路段长度为 L,每个路段包括 3 个车道,分别为左转、直行和右转车道。车辆的更新过程由两个步骤来完成,第一步,车辆按照换道规则进行换道;第二步,换道后,各条车道上的车辆按照单车道模型规则前进。

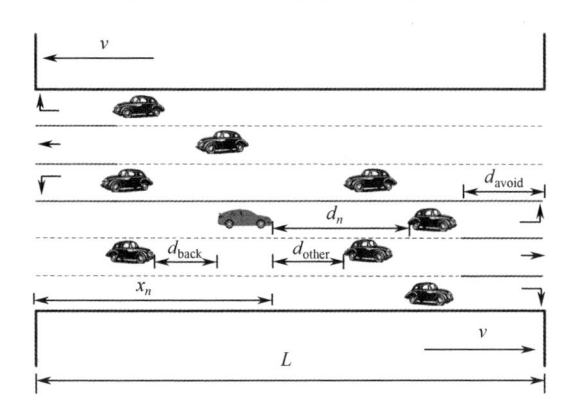

图 4.1 双向六车道路段示意图

4.2.1.1 换道

当路段上的车道数目大于等于 3 时,中间车道上的某个位置可能会被两侧车道上的车辆同时选中进行换道,从而产生冲突。为了避免潜在的碰撞可能,对各个车道依次处理,可以按照从上到下,再从下到上的原则进行处理,也可以按照从下到上,再从上到下的原则进行处理。为了避免车辆向某一个车道集中,每次换道时,随机选择一种顺序进行更新。如果在禁止变换车道线前车辆没有换道成功,车辆会在禁止变换车道线前停车,等待机会换道,即只有当 $x_n \leqslant L - d_{avoid}$ 时,车辆才有可能换道。另外,规定在每个时间步,每一辆车仅换道一次。

（1）转向换道

由于双向六车道每个路段包含三个车道，分别为左转、直行和右转车道。第 n 辆车在路段中所处的车道编号 K_n 可以为 1、2 或者 3；第 n 辆车的转向 F_n 可以为 1、2 或者 3，分别代表左转、直行和右转。因此，当 $K_n = F_n$ 时，表示车辆在正确的车道上，否则，车辆将为了转向而换道：

① $H_n = 1$ 且 $H_{other} = 1$，表示车辆在母道上，且欲换车道也为母道。

② $K_n \neq F_n$，表示车辆不在正确的车道上。

③ $|K_{other} - F_n| \leqslant |K_n - F_n|$ 且 $H_{other} = 1$，表示车辆换道之后到达或接近正确车道。

④ $d_{back} > d_{safe}$，表示车辆与相邻车道后车距离大于安全距离。为了避免碰撞，必须保证 $d_{safe} \geqslant v_{n,back}$，当驾驶员比较谨慎时，$d_{safe}$ 可以取 v_{max}。

当上述条件均满足时，车辆以概率 P_{turn}，$x_n \to x_{n,other}$，车辆向旁边车道换道，P_{turn} 表示车辆满足转向换道条件时选择换道的概率。

（2）超车换道

假设，当前车发生事故或者随机慢化，导致本车无法按照当前速度正常行驶，且旁边车道行驶条件较好时，部分车辆会选择换道，另一部分车辆则选择减速跟驰。

① $H_n = 1$ 且 $H_{other} = 1$，表示车辆在母道上，且欲换车道也为母道。

② $\min(v_n + 1, v_{max}) > d_n / \Delta t$，表示车辆速度大于与前车的反应速度，产生换道意愿。

③ $d_{other} > d_n$，表示车辆与旁边车道前车的距离大于与本车道前车间的距离。

④ $d_{back} > d_{safe}$，表示车辆与相邻车道后车距离大于安全距离。

当上述条件均满足时，车辆以概率 $P_{same-same}$，$x_n \to x_{n,other}$，车辆向旁边车道换道，$P_{same-same}$ 表示车辆满足超车换道条件时选择换道的概率。

4.2.1.2 纵向位置更新

假设交叉口采用四路停车控制,即车辆必须在交叉口前停车瞭望,没有冲突车流时方可进入交叉口。

(1) 加速

若 $v_n < v_{max}$,则 $v_n + 1$;若 $v_n = v_{max}$,则 v_n 不变。即 $v_n \to \min(v_n + 1, v_{max})$。

(2) 减速

若 $K_n \neq F_n$,则 $v_n \to \min(v_n, d_n, s_n - d_{avoid})$,表示不在正确车道上的车除了受前车影响,还不能越过禁止变换车道线,即如果车辆没有在禁止变换车道线前变道成功的话,会停车等待机会换道。

若 $K_n = F_n$,则 $v_n \to \min(v_n, d_n, s_n)$,表示车辆在正确的车道上,受前车以及停车控制标志的影响而减速。

(3) 随机慢化

以随机慢化概率 p,$v_n \to \max(v_n - 1, 0)$。

(4) 纵向位置更新

在 $t+1$ 时刻,$x_n \to x_n + v_n$,车辆按照上述步骤中更新好的速度更新位置。

4.2.2 环形交叉口车辆更新规则

根据《道路交通管理条例》第 43 条的规定,车辆驶近环形交叉口时,需减速或停车观察交叉口内车辆运行情况,让已在路口内的车先行,即已在环内行驶的车辆在合流点处享有优先通行权。

如图 4.2 所示,交叉口处的元胞被分为三种类型:(i) 交叉口外层元胞(即元胞 1~24);(ii) 交叉口内层元胞(即元胞 25~40);(iii) 交叉口外围元胞(即元胞 41~52)。直行、左转和右转的车辆沿着不同的轨迹穿过交叉口。例如,Lane1 上的左转车辆沿着元胞 41、22、40、25、26、27、28、29、30、31、

32、33、15、59 进入 Lane8；直行车辆沿着元胞 42、24、1、2、3、4、5、6、7、54 进入 Lane6；右转车辆沿着元胞 43、24、1、64 进入 Lane7。其余的三个方向遵循同样的运动模式。假设车辆在交叉口内的速度可以取 0 或者 1。因此，车辆在交叉口处必须逐一经过上述元胞，不能跨越。

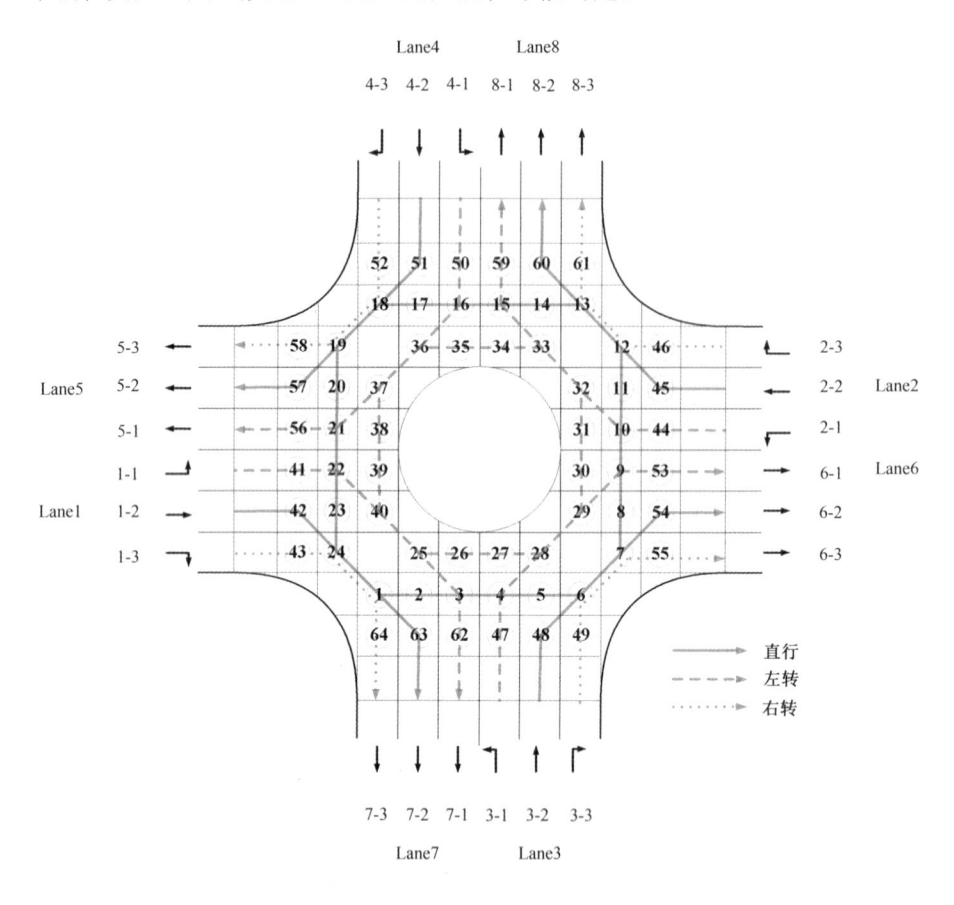

图 4.2 双向六车道环形交叉口示意图

为了避免车辆碰撞，假设交叉口外层元胞上的车辆比交叉口外围元胞上的车辆具有优先通行权；当交叉口外层元胞上的车辆准备驶入交叉口内层元胞时，交叉口内层元胞上的车辆比交叉口外层元胞上的车辆具有优先通行权；当交叉口内层元胞上的车辆准备驶入交叉口外层元胞时，交叉口外层元胞上的车辆比交叉口内层元胞上的车辆具有优先通行权。交叉口处的车辆按照下述三条规则进行更新：

（1）交叉口外围元胞上的车辆更新规则

如果车辆的前方元胞是空的,且交叉口外层元胞上不存在车辆试图占用或靠近该元胞,则车辆向前移动一个元胞,否则,车辆将停车等待。例如,如果元胞 19、20、21 中至少有一个被从 Lane4 到 Lane7 的直行车占据的话,元胞 41 上的车辆禁止驶入元胞 22；如果元胞 21、22、23 中至少有一个被从 Lane4 到 Lane7 的直行车占据的话,元胞 42 上的直行车和元胞 43 上的右转车禁止驶入元胞 24。此规则适用于元胞 41~52 上面的所有车辆。

（2）交叉口外层元胞上的车辆更新规则

当车辆沿外层元胞行驶或离开交叉口时,如果车辆的前方元胞是空的,则车辆向前移动一个元胞,否则,车辆将停车等待；当车辆准备从外层元胞进入内层元胞时,如果车辆的前方元胞是空的,且交叉口内层元胞上没有车辆试图占用或靠近该元胞,则车辆向前移动一个元胞,否则,车辆将停车等待。例如,如果元胞 37、38、39 中至少有一个被从 Lane2 到 Lane7 或从 Lane4 到 Lane6 的左转车占据的话,元胞 22 上的车辆禁止驶入元胞 40。此规则适用于元胞 1~24 上面的所有车辆。

（3）交叉口内层元胞上的车辆更新规则

当车辆沿内层元胞行驶时,如果车辆的前方元胞是空的,则车辆向前移动一个元胞,否则,车辆将停车等待；当车辆准备从内层元胞进入外层元胞时,如果车辆的前方元胞是空的,且交叉口外层元胞上不存在车辆试图占用或靠近该元胞,则车辆向前移动一个元胞,否则,车辆将停车等待。例如,如果元胞 13、14 中至少有一个被从 Lane2 到 Lane5 的直行车占据的话,元胞 33 上的车辆禁止驶入元胞 15。此规则适用于元胞 25~40 上面的所有车辆。

4.3 交通诱导环境下的车辆路径选择行为

城市路网中存在多组 OD,每组 OD 之间都有多条路径,各组 OD 之间的路径相互重叠。在没有诱导的情况下，道路网的利用者不知道路网的状态，车辆在路网中的行驶路线只能是驾驶员凭经验选择，无法预知前方各路段和交叉口的交通状况，此时，通常会选择距离最短的路径行驶。如果交通量很少，则所有的车辆能够在最短的时间之内到达目的地。如果交通量较大，则最短路径上的行程时间会随着车辆的增多而增加。实时交通信息能够给出行者提供路况条件信息，提醒出行者注意交通事件的发生，辅助出行者根据当前信息进行路径选择，避开拥堵路段，从而达到缓解交通拥堵，提高交通系统性能的目的。目前，交通信息系统中交通信息的发布方式主要包括可变信息标志（VMS）、交通信息广播系统、车载导航系统、交通网站、交通呼叫中心等。

路径诱导离不开交通阻抗的计算。交通阻抗为路段阻抗和交叉口阻抗之和。假设交叉口阻抗不变，路段的阻抗随车流量的变化而变化，路段阻抗与路段车速成反比。在系统运行过程中，记录下每个路段每个时间步的瞬时速度，每隔一段时间 r，对每个路段所记录下来的瞬时速度求平均值，作为下一个时间段计算路段阻抗的依据。

$$\alpha_i(t) = L / (\overline{v_i}(r) + e) \qquad (4.1)$$

其中：

$\alpha_i(t)$——t 时刻路段 i 的阻抗；

L——路段长度；

$\overline{v_i}(r)$——前一个时间间隔内路段 i 的平均瞬时速度。当路段上车流量为零时，定义该路段的平均瞬时速度为 v_{max}。

e——一个很小的数，当某时间段内路段 i 上的车辆都静止不动时，平均瞬时速度为零，此时，路段 i 的阻抗为一个很大的数，除了终点为该路段的驾驶员，没有人会选择从该路段上出行。

由于本研究假设每条路段与前方的直行、左转和右转三条路段之间的交叉口阻抗分别为 $2K$、$3K$ 和 K（K 为每个路段的车道数）。如果路段 i 与路段 $i+1$ 之间的关系为直行、左转和右转，则路段 i 与路段 $i+1$ 之间的阻抗分别为

$\alpha_i(t)/2+\alpha_{i+1}(t)/2+2K$，$\alpha_i(t)/2+\alpha_{i+1}(t)/2+3K$ 和 $\alpha_i(t)/2+\alpha_{i+1}(t)/2+K$，否则阻抗为无穷大，据此可以得到实时的任意两条路段之间的权矩阵，利用 Dijkstra 算法可以求得任意两条路段之间的最短路，从而可以得到实时的任意一个 OD 对之间的最短路。

采用前面的环形交叉口路网元胞自动机模型，研究交通诱导环境下的车辆路径选择行为，比较出行前路径诱导、VMS 路径诱导和动态路径诱导的实施效果，探讨路径诱导周期、服从诱导比例对诱导效果的影响，研究路径诱导对交通流分布和出行时耗分布的影响。

在计算机模拟中，采用 5×5 的双向六车道城市路网进行模拟，路段编号如图 2.2 所示。该网络包含 25 个节点，80 个路段。每个路段的长度为 40 个元胞，包含 3 个车道。车辆在路段上的最高速度为 3 元胞/时间步，慢化概率为 0.03，转向换道概率为 1，超车换道概率为 0.2。对相同的情况，分别模拟 10 次，每次模拟 10000 个时间步，直到路网堵死（$v=0$）或者仿真时间结束。若实际的仿真时间小于 10000 个时间步，则按实际的仿真时间计算路网车速。

4.3.1 路径诱导方式的影响

假设在交通诱导环境下，有三类路径诱导方式，且出行者严格按照出行信息提示的路径行驶。第一类为出行前路径诱导，车辆出行前查询相关网站，了解路况信息，选择一条最短路出行，中途不允许变更路径；第二类为 VMS 路径诱导，出行途中车辆通过 VMS 可变信息板了解某些区域的路况，在特定的区域可以变更路径，假设可变信息板有 4 块，分别位于靠近路网中心的 31、40、41、50 号路段上，这 4 条路段上的车辆可以根据可变信息板提供的信息变更最短路；第三类为动态路径诱导，车辆通过车载导航了解实时路况，根据动态路径诱导系统提供的信息选择最短路行驶。

路径诱导方式对路网交通流的影响如图 4.3 所示。出行前路径诱导方式对路网车速的影响较小，路网车速与没有路径诱导时相差不大，这是因为路况随时发生变化，出行前找到的最短路，在行驶的过程中已经不再是真正意义上的最短路，因此，这种路径诱导方式效果最差。当路网中存在一定数量的可变信息板时，在特定的密度下，路网车速能有一定的提升。

当采用动态路径诱导方式时，路网车速有明显提升。当密度较低时，动态路径诱导对路网车速的影响较小，这是因为当路网交通密度较低时，车辆处于自由流状态，所有的车辆都将选择距离最短的路径行驶，路径诱导基本不发挥作用。当路网交通密度大于临界密度时，动态路径诱导开始发挥作用，动态路径诱导下车辆能够避开拥堵路段，保持相对较高的速度运行。当路网交通密度进一步增加时，路径诱导对路网车速的影响会减弱，这是因为，受交通拥堵的影响，车辆经常处于时走时停的状态，避开堵塞路段的难度增加。路径诱导对路网车速的影响随着密度的增加而逐渐消失。

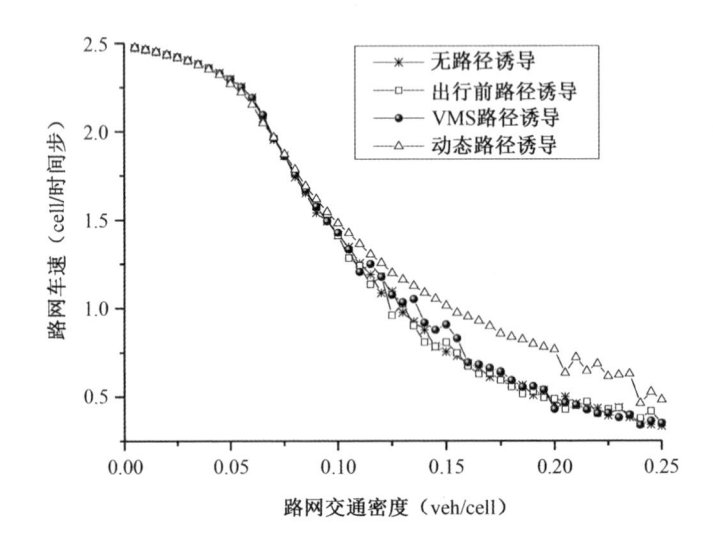

图 4.3　路径诱导方式对路网车速的影响

4.3.2　路径诱导周期的影响

路径诱导周期对路段交通密度方差和路网车速的影响分别如图 4.4 和图 4.5 所示。路网各路段的交通密度之间的方差随着路径诱导周期的延长而增加，路网车速随着路径诱导周期的延长而减小。当路径诱导周期较小时，路径诱导系统提供的路况信息较为准确，车辆在行驶的过程中能够多次调整行驶路径，从而使得车辆在各个路段上的分布较为均衡，各个路段的交通密度趋于一致，路网车速较高。当路径诱导周期延长时，车辆在行驶过程中调整行驶路径的机会变少，无法准确地选择最短路径出行，导致各个路段的车辆密度存在较大差异，路网车速下降。路径诱导周期趋于无穷大时，各路段的交通密度之间的方差和路网车速趋近于某个固定值，路径诱导系统不再发挥作用，等同于没有路径诱导时的交通状况。

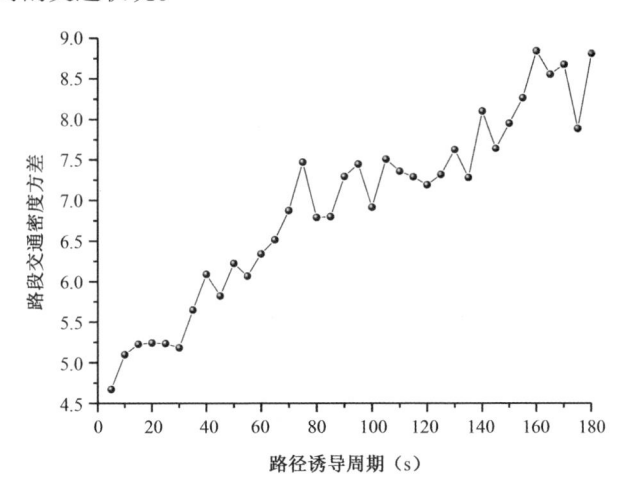

图 4.4　路径诱导周期对路段车辆密度方差的影响，路网交通密度为 0.1

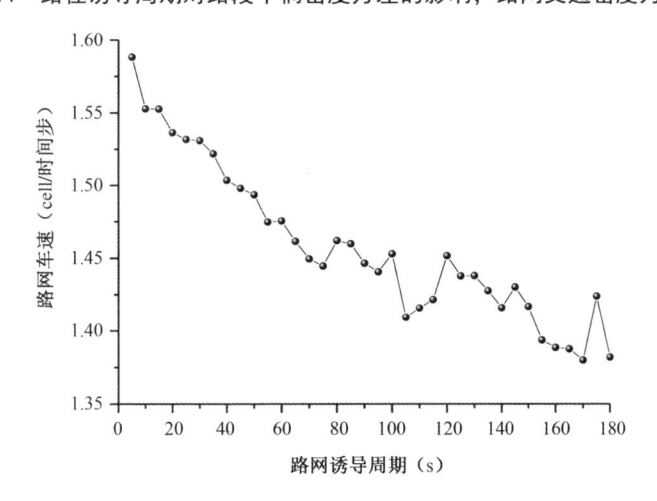

图 4.5　路径诱导周期对路网车速的影响，路网交通密度为 0.1

4.3.3 服从诱导比例的影响

服从诱导比例对路网车速的影响如图 4.6 所示。路网车速先是随着服从诱导比例的增加而增加,说明部分车辆避开了拥堵路段,提高了运行速度。当服从诱导比例增加时,路径诱导的效果明显减弱,说明此时,重新选择路径的车辆增加之后,某些原来交通量比较小的路段被占用的机会增加了,车辆选择这些路段,速度提升并不明显。当服从诱导比例进一步增加时,路径诱导开始出现反作用,即路网车速随着服从诱导比例的增加而下降,说明当大部分车辆都按照动态路径诱导提示的信息选择最短路时,可能会造成这些车辆蜂拥进入某些路段,导致路网车速的整体下降。可见,按照动态路径诱导出行的出行者比例不是越高越好,存在一个最合适的量,交通管理部门可以据此制定城市路径诱导系统覆盖的比例。

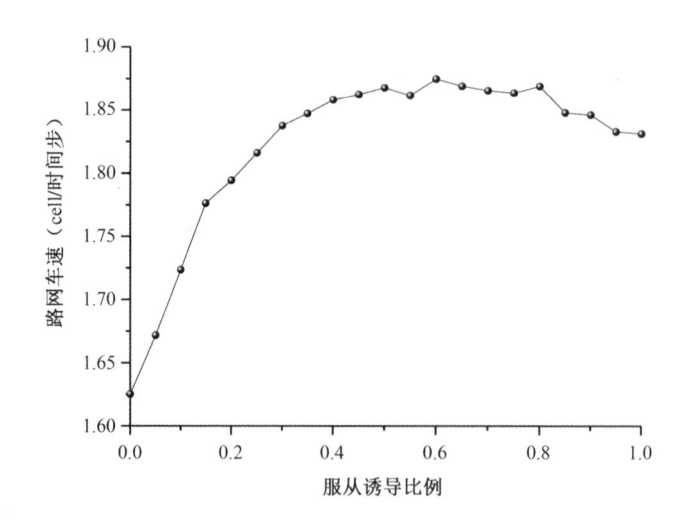

图 4.6 服从诱导比例对路网车速的影响,路网交通密度为 0.1

4.3.4 路径诱导对交通流分布的影响

城市路网中的每辆车均有特定的起讫点,每个起讫点之间的交通量构成了 OD 矩阵。当 OD 分布确定时,各条道路的交通流量与道路在路网中所处的位置有很大的关系。在最短路径集合中出现频率越高的路段,分配到的流量越大。在路径诱导环境下,驾驶员可以根据诱导系统提供的信息,选择在时间上更短的路径,避开拥堵路段,从而影响交通流在路网上的分布。选择路网交通密度为 0.1,分别对有、无动态路径诱导时的情况进行模拟。

动态路径诱导对路段交通流量分布的影响如图 4.7 和图 4.8 所示。当车辆的 OD 随机分布时,越靠近路网中心的路段交通密度越高,越容易产生拥堵,这与现实生活的情况是一致的。动态路径诱导使部分路段交通密度增加,部分路段交通密度减小,起到了削峰填谷的作用,对路网各路段之间的流量平衡起到了一定的作用。这为城市交通规划提供了依据,城市中心的路段容易成为瓶颈路段,要尽量避免过境交通通过城市中心路段,以免加剧拥堵。

(a) 无路径诱导时　　　　　　　　(b) 有动态路径诱导时

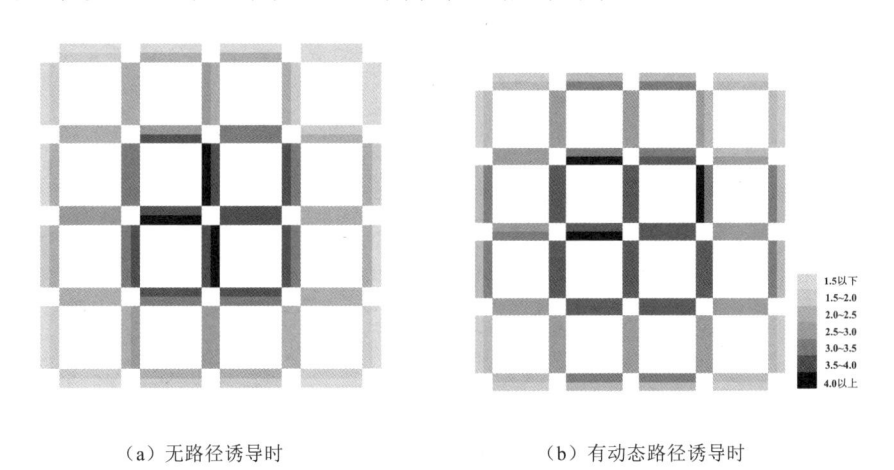

图 4.7　路网各路段平均车辆数示意图

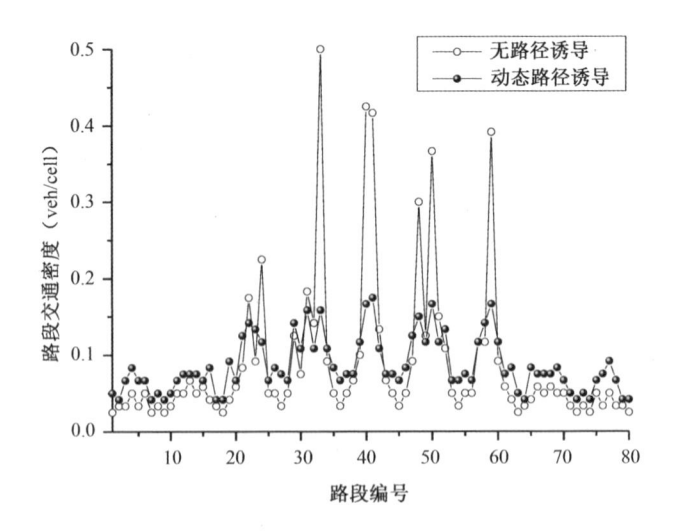

图 4.8　动态路径诱导对路段交通密度的影响

动态路径诱导对路段车速的影响如图 4.9 所示。动态路径诱导使部分路段车速提高，部分路段车速下降，各个路段之间的速度差异减小，交通流在各个路段上的分布更接近于用户均衡分配的结果。

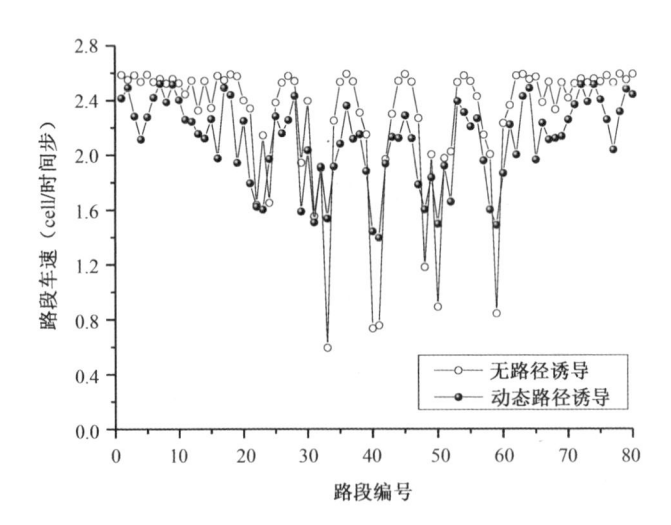

图 4.9　动态路径诱导对路段车速的影响

4.3.5 路径诱导对出行时耗的影响

路径诱导能够影响交通流在路网上的分布,进而能够影响车辆的出行速度和出行时耗的分布。路径诱导对出行时耗分布频率的影响如图 4.10 所示。相对于没有路径诱导时,路径诱导环境下,车辆的出行时耗分布更加均匀,特别是出行时耗高于 300 个时间步的车辆基本没有。而无路径诱导时,不少车辆的出行时耗要高于 300 个时间步。这说明,路径诱导能够有效地提高交通系统的效率,缩短旅行时间,能让出行者在更短的时间之内到达目的地。

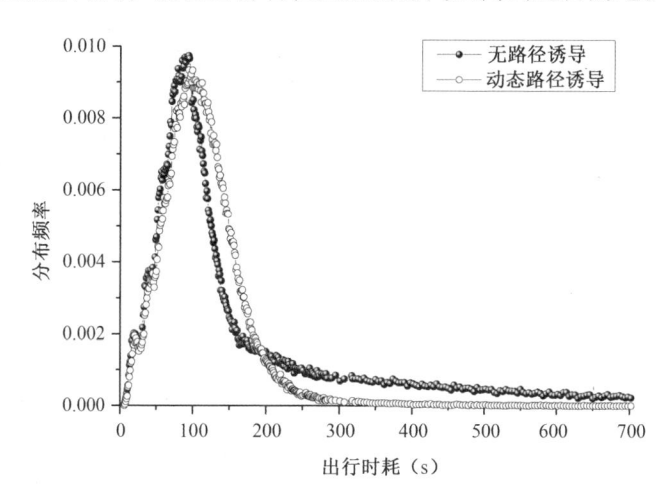

图 4.10 路径诱导对出行时耗分布频率的影响

4.3.6 路径诱导对路网容量的影响

动态路径诱导对路网容量的影响如图 4.11 所示,无动态路径诱导时,路网容量对应的临界密度为 0.075,采用动态路径诱导时,路网容量对应的临界密度为 0.085,说明动态路径诱导能提高路网容量。这是因为动态路径诱导环境下,车辆可以根据路况,实时调整行驶路线,避免加入拥堵路段,这使得某些关键路段的流量有所下降,排队长度缩短,延缓了交通堵塞现象的发生。另外，当密度较低时，动态路径诱导对路网车速的影响较小，当密度增加时，路径诱导能够提高路网车速。

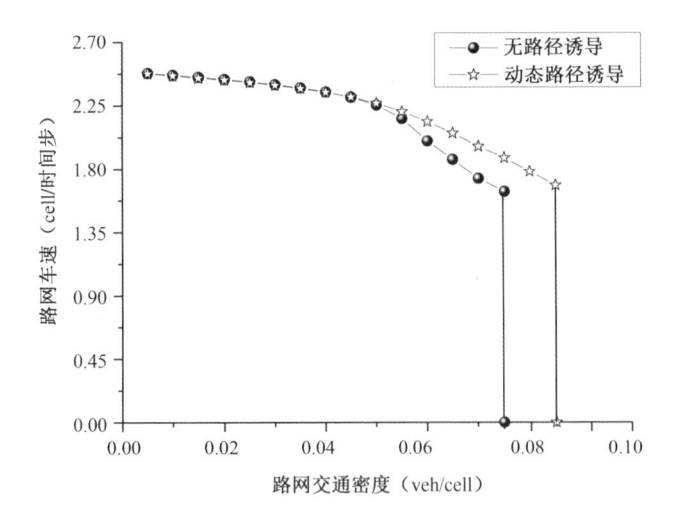

图 4.11 动态路径诱导对路网容量的影响

4.4 道路施工模拟及分析

城市道路施工的原因是多方面的：①随着城市建设和机动车的发展，一些早期修建的道路、桥梁不堪重负，成为城市路网的瓶颈，这些道路和桥梁需要进行扩宽改造；②市政工程建设中的管道工程施工期间通常会占用有限的道路资源；③为了保持城市道路使用性能，及时恢复破损部分，保证行车安全、舒适、畅通，节约运输费用和时间，需要定期对道路进行养护。

分别对封闭车道数量和施工路段数量对路网交通流的影响进行模拟。路网仿真参数设置与 4.3 节相同。

4.4.1 封闭车道数量的影响

假设 31 号路段封闭施工，封闭车道数量分别为 1 条、2 条和 3 条。封闭车道数量对路网车速的影响如图 4.12 所示。封闭车道数量对路网车速的影响随着路网交通密度的增加，先增强后减弱。路网车速下降幅度取决于通行能力与交通需求的匹配程度。当密度较低时，通行能力的下降不足以影响交通流的状况，此时，缩减车道数量没有影响。当密度增加时，不论封闭车道数量多少，封闭施工均会造成路网车速的下降。当封闭车道数量为 2 条和 3 条时，路网车速下降幅度相同，比封闭车道数量为 1 条时下降幅度要大。当交通需求较高时，整个路网均处于拥堵状态，因此，封闭车道数量的作用被弱化。

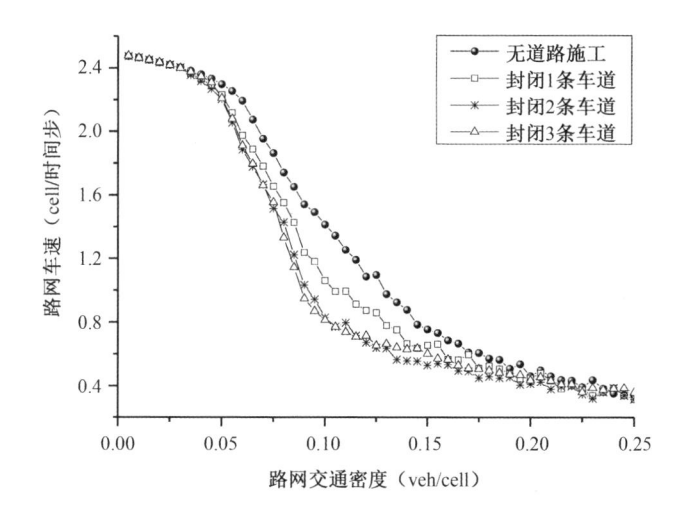

图 4.12 封闭车道数量对路网车速的影响

对 31 号路段全封闭施工，路网交通密度为 0.05 时的车辆绕行情况进行模拟。绕行车辆对路网各路段的影响如图 4.13 所示。当 31 号路段全封闭施工时，31 号路段被从最短路径集合中删除，所有的车辆都将绕开 31 号路段，寻找其他最短路行驶至终点，由于 31 号路段处在路网中心，原本在最短路径集合中被选中的概率较大，因此，该路段封闭施工对路网相关路段造成了较大干扰。

无道路施工时，路网各路段的车速基本在 2.5 左右，由于道路施工的存在，十余个路段车速出现了下降，特别是 21、22、23、24、30、32、33 和 41 号路段车速下降最明显，说明这几条路是 31 号路段封闭施工时，车辆的主要绕行路段，在道路施工时，要重点做好上述几条路段的组织工作。

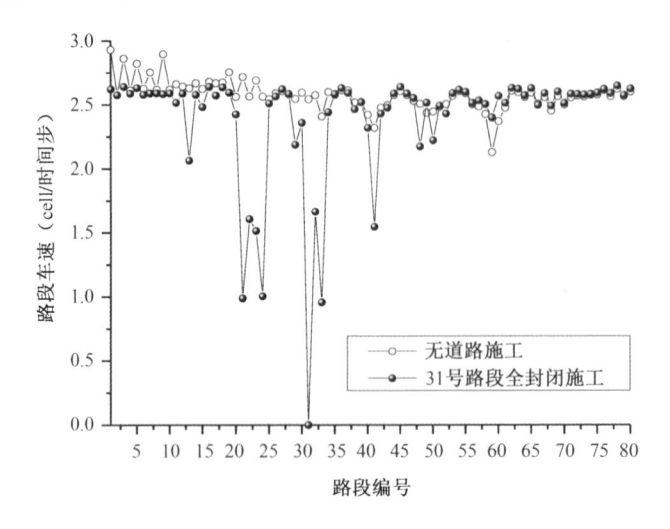

图 4.13　31 号路段全封闭施工时绕行车辆对路网各路段车速的影响

4.4.2　施工路段数量的影响

在城市道路施工中，有时候会有多条道路同时施工。对不同的施工路段数量进行模拟。假设两种情况：第一种为 1 条道路施工，施工路段为 31 号路段；第二种为 4 条道路同时施工，施工路段为 31、40、41、50 号路段。两种情况均为半封闭施工，封闭车道数量为 2 条。

施工路段数量对路网车速的影响如图 4.14 所示。当密度较低时，施工路段数量对路网车速没有影响，这是因为路网中的车辆较少，处于自由流状态，施工路段通行能力的缩减对路网交通流基本没有影响。随着密度增加，施工路段的交通需求开始增大，施工路段越多，道路通行能力缩减越大，施工路段的交通负荷越高，路网车速越低。当密度进一步增加至临界密度时，施工路段数量对路网交通流的影响逐渐减弱。

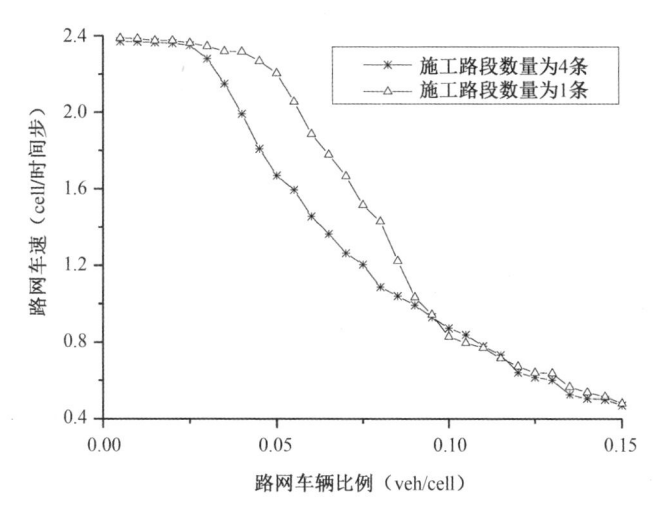

图 4.14 施工路段数量对路网车速的影响

4.5 交通拥堵控制方法

4.5.1 交通分流

道路施工前，交通管理部门会发布相应公告。当道路封闭施工时，部分车辆会选择绕行，车辆绕行会对周边的交通产生影响。交通分流方案中最重要的就是要确定绕行车辆的比例。

假设 31 号路段半封闭施工，封闭车道数量为 2 条，路网交通密度为 0.05。上游的 13、22 和 23 号路段设置交通标志，引导车辆绕行，车辆可以服从指示信息绕道行驶，也可以选择继续从施工路段通过。

绕行车辆比例对路网车速的影响如图 4.15 所示。路网车速先是随着绕行比例的增加而增加，说明部分车辆避开了拥堵的施工路段，提高了运行速度。当绕行车辆比例增加时，交通分流的效果明显减弱，说明此时，绕行车辆增加后，周边的路段交通密度增加，车辆选择这些路段绕行，速度得不到明显提升。当绕行车辆比例进一步增加时，车辆绕行开始出现反作用，即路网车速随着绕行比例的增加而下降，说明当大部分车辆都选择绕行时，可能会使绕行路段的车辆过于集中，导致路网车速的整体下降。当绕行比例为 100%时，说明全部车辆绕行，相当于 31 号路段全封闭施工，路网车速降至最低。可见，半封闭施工时，交通分流方案要确定一个最佳的车辆绕行比例，以提高路网的运行效率。

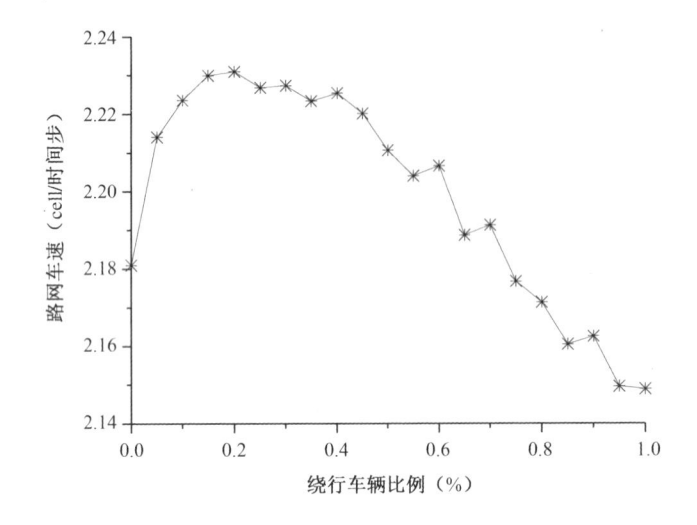

图 4.15　绕行车辆比例对路网车速的影响

4.5.2　动态路径诱导

道路施工中动态路径诱导对路网各路段车速的影响如图 4.16 所示。动态路径诱导起到了很好的作用，31 号道路全封闭施工时的主要绕行路段 21、22、23、24、30、32、33 和 41 号路段的车速均有明显提升。路径诱导使得车辆能够避开路网中心的拥堵路段，选择外围道路行驶，使得路网外围部分路段车速有少量下降，但是没有形成交通拥堵。可见路径诱导能够使绕行车辆选择更合理的线路行驶，避免车辆集中在施工路段周边的路段上，是一种非常有效的措施。

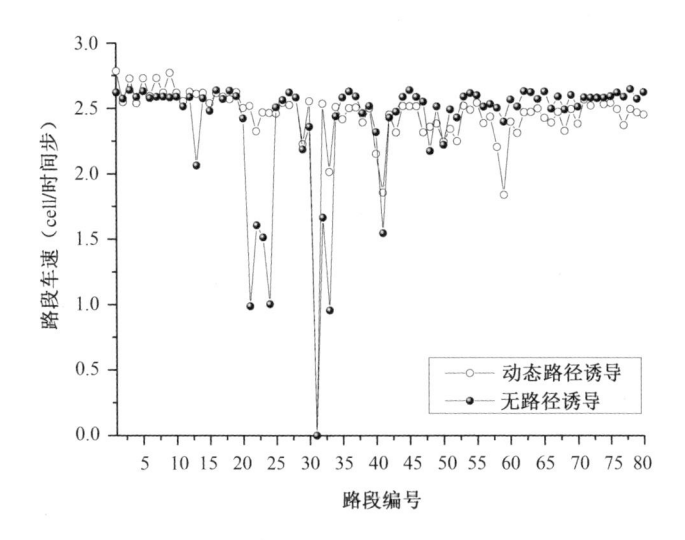

图 4.16　道路施工中动态路径诱导对路网各路段车速的影响

4.6　本章小结

本章构建了环形交叉口路网元胞自动机模型，比较了出行前路径诱导、VMS 路径诱导和动态路径诱导的实施效果，探讨了路径诱导周期、服从诱导比例对诱导效果的影响，研究了路径诱导对交通流分布和出行时耗分布的影响，分析了道路半封闭施工和全封闭施工时的路网拥堵特性，评价了交通分流和动态路径诱导措施对路网拥堵控制的作用。

在 4.2 节，构建了环形交叉口路网元胞自动机模型。每个路段由直行、左转和右转三条车道组成，车辆根据前方交叉口的转向和超车的需要在禁止变换车道线前换道。交叉口处的车辆按照环形交叉口的运行规则进行更新。交叉口处的元胞被分为交叉口外层元胞、交叉口内层元胞和交叉口外围元胞。规定交叉口外层元胞上的车辆比交叉口外围元胞上的车辆具有优先通行权；当交叉口外层元胞上的车辆准备进入交叉口内层元胞时，交叉口内层元胞上的车辆比交叉口外层元胞上的车辆具有优先通行权；当交叉口内层元胞上的车辆准备进入交叉口外层元胞时，交叉口外层元胞上的车辆比交叉口内层元胞上的车辆具有优先通行权。

在4.3节，研究了交通诱导环境下的车辆路径选择行为。数值模拟结果表明，动态路径诱导能够降低出行时耗，均匀交通流在路网上的分布，提高路网容量；动态路径诱导方式比出行前路径诱导和可变信息板路径诱导方式效果要好；路网车速随着路径诱导周期的延长而下降，路段之间的交通密度差随着路径诱导周期的延长而增加，说明路径诱导的效果随着诱导周期的延长而减弱；路径诱导的效果随着服从诱导比例的增加先增强，后减弱，说明服从诱导比例存在一个最佳值。

在4.4节和4.5节，对道路施工这一可预测的交通事件进行了模拟。当道路施工时，路网车速随着施工路段数量和施工封闭车道数的增加而下降；道路施工时存在特定的绕行路段，绕行车辆会对这些路段造成一定的干扰；半封闭施工时，交通分流能缓解交通拥堵，但是绕行车辆的比例存在一个最佳值；动态路径诱导能有效缓解道路施工时绕行路段的交通拥堵。

第 5 章

交通事故影响下的城市路网拥堵特性及控制方法

5.1 引言

出行者在日常出行中，形成了较为固定的先验路径。发生交通事故之后，道路交通状况会与平时出现较大差异，如果没有控制措施或实时的路况信息诱导，出行者很可能会根据以往的出行经验选择行驶路径，进入拥堵区域，加入拥堵排队而无法准时到达目的地。如果交通事故得不到有效处理，会诱发更多的交通事故，从而延长了交通事件持续时间，扩大了交通事件影响范围[75]。

交通事故造成的交通拥堵在时间和空间上具有很强的随机性和不可预测性，极大地增加了拥堵预防和控制的难度。同时，由于交通事故诱发的偶发性交通拥堵的不可再现性，因此进行交通事故影响下的城市路网拥堵特性研究比较适合用仿真法。

本章构建了一个双向六车道城市路网交通流元胞自动机模型，对交通事故进行模拟，研究交通事故发生时的背景交通量、在路网中所处的位置、与上游交叉口的距离、严重程度、持续时间、交叉口控制方式等因素对城市路网交通拥堵特性的影响，评价车辆禁行和路径诱导等拥堵控制措施的实施效果。

5.2 双向六车道路网元胞自动机模型

5.2.1 双向六车道车辆更新规则

如图 5.1 所示，双向六车道的道路被分隔成相向行驶的两个路段，路段长度为 L，每个路段包括 3 条车道，分别为左转、直行和右转车道。路段上的车辆按照路段的方向行驶。内侧车道允许双向通行，即内侧车道的车辆可以借反向车道超车。车辆的更新过程由两个步骤完成：第一步，车辆按照换道规则进行换道；第二步，换道后，各条车道上的车辆按照单车道模型规则前进。

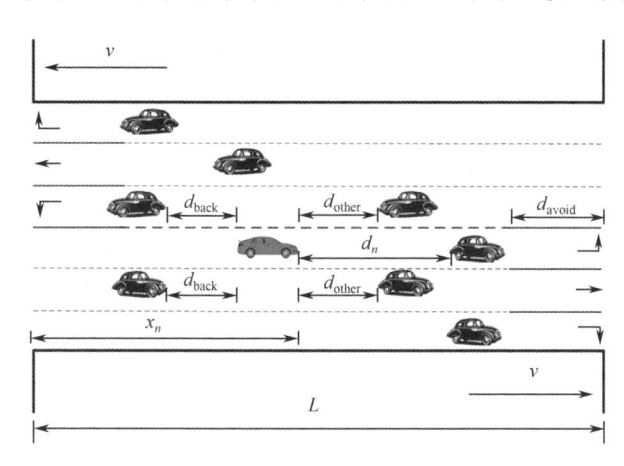

图 5.1 双向交通的六车道路段示意图

5.2.1.1 换道

为了避免潜在的碰撞可能，对各条车道依次处理，可以按照从上到下，再从下到上的原则进行处理，也可以按照从下到上，再从上到下的原则进行处理。为了避免车辆向某一条车道集中，每次换道时，随机选择一种顺序进行更新。如果在禁止变换车道线前车辆没有换道成功，车辆会在禁止变换车道线前停车，等待机会换道，即只有当 $x_n \leqslant L - d_{\text{avoid}}$ 时，车辆才有可能换道。另外，规定在每个时间步,每一辆车只能换道一次。

(1) 转向换道

K_n 代表第 n 辆车在路段中所处的车道编号,F_n 代表第 n 辆车在下游交叉口的转向。因此,当 $K_n = F_n$ 时,表示车辆在正确的车道上,否则,车辆将为了转向而换道:

① $H_n = 1$ 且 $H_{other} = 1$,表示车辆在母道上,且欲换车道也为母道。

② $K_n \neq F_n$,表示车辆不在正确的车道上。

③ $|K_{other} - F_n| \leqslant |K_n - F_n|$ 且 $H_{other} = 1$,表示车辆换道之后到达或接近正确车道。

④ ($d_{back} > d_{safe}$ 且 $H_n = 1$) 或 ($d_{other} > d_{safe}$ 且 $H_n = 0$),表示车辆与相邻车道后(前)车距离大于安全距离(当车辆在母道上时,考虑后车;当车辆在反向车道时,考虑前车)。为了避免碰撞,必须保证 $d_{safe} \geqslant v_{n,back}$,当驾驶员比较谨慎时,$d_{safe}$ 可以取 v_{max}。

当上述条件均满足时,车辆以概率 P_{turn} 向旁边车道换道,即 $x_n \to x_{n,other}$,P_{turn} 表示车辆满足转向换道条件时选择换道的概率,用以描述车辆在路段上为转向而换道的概率,一般来说,P_{turn} 不是一个定值,其随着车辆与下游交叉口的距离缩小而增大。

(2) 母道换母道

假设当前车发生事故或者随机慢化,导致本车无法按照当前速度正常行驶,且旁边车道行驶条件较好时,部分车辆会选择换道,另一部分车辆则选择减速。

① $H_n = 1$ 且 $H_{other} = 1$,表示车辆在母道上,且欲换车道也为母道。

② $\min(v_n + 1, v_{max}) > d_n$,表示车辆速度大于与前车的距离,产生换道意愿。

③ $d_{other} > d_n$,表示车辆与旁边车道前车的距离大于与本车道前车间的距离。

④ $d_{back} > d_{safe}$，表示车辆与相邻车道后车距离大于安全距离。

当上述条件均满足时，车辆以概率 $P_{same\text{-}same}$ 向旁边车道换道，即 $x_n \to x_{n,other}$，表示部分车辆为了超车选择换到另一条母道上行驶，其中 $P_{same\text{-}same}$ 表示母道换母道概率。

（3）母道换反向车道

① $H_n = 1$ 且 $H_{other} = 0$，表示车辆在母道上，且欲换车道为反向车道。

② $v_n > d_n$，表示车辆速度大于与前车的距离，产生换道意愿。

③ $d_{other} > d_n$，表示车辆与旁边车道前车的距离大于与本车道前车间的距离。

④ $d_{other} > d_{safe}$，表示车辆与相邻车道前车距离大于安全距离，$d_{safe} = 2v_{max} + 1$。

当上述条件均满足时，车辆以概率 $P_{same\text{-}opp}$ 向旁边车道换道，即 $x_n \to x_{n,other}$，表示部分车辆为了超车选择换到反向车道上行驶，其中 $P_{same\text{-}opp}$ 表示母道换反向车道概率。

（4）反向车道换母道

① $H_n = 0$ 且 $H_{other} = 1$，表示车辆在反向车道上，且欲换车道为母道。

② $d_n < 2v_{max} + 1$ 或（$d_{other} > 2v_{max} + 1$ 且 $d_{back} > d_{safe}$），表示前方有相向行驶的车辆，且距离过小；或者母道上的行驶条件较好，且不影响母道后车的行驶。

当上述条件均满足时，$x_n \to x_{n,other}$，车辆向旁边车道换道。

5.2.1.2 纵向位置更新

（1）加速

若 $v_n < v_{max}$，则 $v_n + 1$；若 $v_n = v_{max}$，则 v_n 不变。即 $v_n \to \min(v_n + 1, v_{max})$。

（2）减速

若 $K_n \neq F_n$ 或 $H_n = 0$，则 $v_n \to \min(v_n, d_n, s_n - d_{\text{avoid}})$，表示不在正确车道上的车除了受前车影响，还不能越过禁止变换车道线，即如果车辆没有在禁止变换车道线前变道成功，会停车等待机会换道。

若 $K_n = F_n$ 且 $H_n = 1$，表示车辆在正确的车道上，根据交叉口有无信号控制，车辆按照下述两种规则进行减速：

① 采用无信号控制时，$v_n \to \min(v_n, d_n, s_n)$，表示车辆必须在交叉口前停车瞭望，等待机会进入交叉口。

② 采用信号控制时，分绿灯和红灯两种情况：

Case I：绿灯时，当前方交叉口内存在车辆试图占用或靠近前方停车线内第一个元胞时，$v_n \to \min(v_n, d_n, s_n)$，表示车辆受前车影响，以及为了避让交叉口内的潜在冲突车辆而减速。当前方交叉口内不存在车辆试图占用或靠近前方停车线内第一个元胞时，$v_n \to \min(v_n, d_n, s_n + 1)$。

Case II：红灯时，假设右转车不受信号控制。

（i）直行和左转车辆：$v_n \to \min(v_n, d_n, s_n)$，表示车辆受红灯影响，必须在停车线前停车等待。

（ii）右转车辆：当前方交叉口内存在车辆试图占用或靠近前方停车线内第一个元胞时，$v_n \to \min(v_n, d_n, s_n)$，否则，$v_n \to \min(v_n, d_n, s_n + 1)$。

（3）随机慢化

以随机慢化概率 p，$v_n \to \max(v_n - 1, 0)$，对应于现实中各种不确定性因素造成的驾驶员的随机减速。

（4）纵向位置更新

在 $t+1$ 时刻，$x_n \to x_n + v_n$，车辆按照上述步骤中更新好的速度向前行驶。

5.2.2 交叉口处的车辆更新规则

如图 5.2 所示,交叉口内的元胞分为三种类型:(ⅰ)交叉口中间层元胞(即元胞 21~32);(ⅱ)交叉口内层元胞(即元胞 33~36);(ⅲ)交叉口外层元胞(即元胞 1~20)。直行、左转和右转的车辆沿着不同的轨迹穿过交叉口。例如,Lane 1 上的左转车辆沿着元胞 37、19、32、36、28、13 和 55 进入 Lane 8;直行车辆沿着元胞 38、20、21、22、23、24、7 和 50 进入 Lane 6;右转车辆沿着元胞 39、1 和 60 进入 Lane 7。其余的三个方向遵循同样的运动模式。假设交叉口内直行车辆的速度为 0~3cell/时间步,左转和右转车辆的速度为 0~1cell/时间步,因此,已经进入交叉口内的直行车辆可以跨越后续元胞,而转弯车辆必须逐一经过上述元胞,不能跨越。

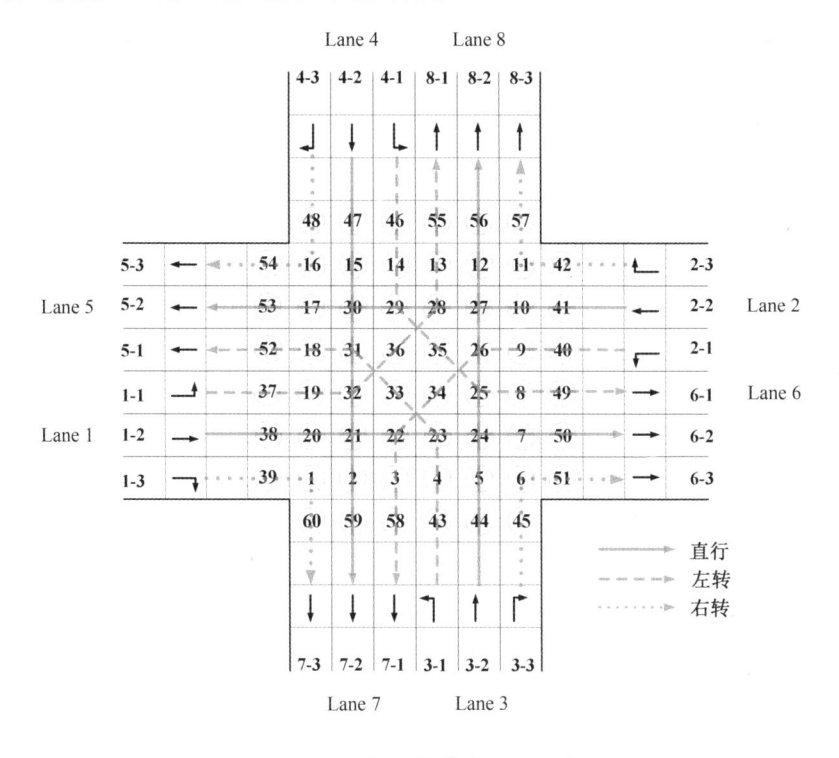

图 5.2 双向六车道交叉口示意图

为了避免车辆相撞，假设交叉口中间层元胞上的车辆比交叉口内层元胞上的车辆具有优先通行权，交叉口内层元胞上的车辆比交叉口外层元胞上的车辆具有优先通行权。当两个交叉口外层元胞上的车辆准备同时进入一个交叉口中间层元胞时，规定距离较近的元胞上面的车辆具有优先通行权。例如，元胞 20 号上的直行车辆和元胞 4 上的左转车辆同时准备进入元胞 23 时，由于元胞 4 距离较近，元胞 20 上车辆要给元胞 4 上的车辆让行。

用 (x,y) 表示交叉口处车辆所处元胞的坐标。(x_front, y_front) 表示元胞 (x,y) 上的车辆准备进入的前方元胞的坐标，直行、左转和右转车辆根据行驶的路线，具有不同的前方元胞。$cells(x,y)$ 表示元胞 (x,y) 的状态，$cells(x,y)=1$ 表示有车，$cells(x,y)=0$ 表示元胞为空。$cells\_lane(x,y)$ 表示元胞 (x,y) 上车辆所属的进口道，$cells\_lane(x,y) \in [0,4]$，$cells\_lane(x,y)=0$ 时表示元胞 (x,y) 为空。$cells\_direction(x,y)$ 表示元胞 (x,y) 上车辆的转向，$cells\_direction(x,y) \in [0,3]$，0 表示元胞 (x,y) 为空，1、2、3 分别表示左转、直行和右转。$v(x,y)$ 表示元胞 (x,y) 上的车辆的速度。$d(x,y)$ 表示车辆与前车之间的距离。交叉口处的车辆按照下述四条规则进行更新（以 Lane 1 上的车辆为例）：

（1）左转车辆

若 $cells\_direction(x,y)=1$，即车辆方向为左转时，车辆依次经过元胞 19、32、36、28、13、55 进入出口道 8-1。元胞 32 和元胞 28 为两个冲突点，冲突点上的车辆具有优先通行权，只要前方元胞为空，车辆就可以加速；元胞 19 和元胞 36 的前方元胞为冲突点，只有当前方元胞为空，且没有存在优先权更高的冲突车流时，车辆才会加速；元胞 13 的前方元胞为路段 8-1 的末元胞，只要元胞 55 为空，车辆就会离开交叉口，进入路段 8-1。符合下述条件时，$v(x,y) \to 1$，表示车辆将加速到 1 格/时间步长，否则 $v(x,y) \to 0$，表示车辆受前车阻挡或为避免冲突而停车等待。

元胞 19→元胞 32：

① $cells(x, y+1)=0$，表示元胞 32 为空。

② cells$(x, y+2) = 0$，表示元胞 33 为空。

③ cells$(x-1, y+1) = 0$ 或 cells_direction$(x-1, y+1) = 1$，表示元胞 31 无冲突车流。

④ cells$(x-2, y+1) = 0$ 或 $|\text{cells\_lane}(x-2, y+1) - \text{cells\_lane}(x, y)| = 1$，表示元胞 30 无冲突车流。

元胞 32→元胞 36：若 cells$(x-1, y+1) = 0$，表示前方元胞 36 为空。

元胞 36→元胞 28：

① cells$(x-1, y+1) = 0$，表示前方元胞 28 为空。

② cells$(x-1, y) = 0$ 或 cells_direction$(x-1, y) = 2$，表示元胞 29 上没有冲突车流。

③ cells$(x-1, y+2) = 0$ 或 $|\text{cells\_lane}(x-1, y+2) - \text{cells\_lane}(x, y)| \neq 1$，表示元胞 27 上没有冲突车流。

元胞 28→元胞 13：若 cells$(x-1, y) = 0$，表示前方元胞 13 为空。

元胞 13→元胞 55：若 cells$(x-1, y) = 0$，表示前方元胞 55 为空。

(2) 直行车辆

若 cells_direction$(x, y) = 2$，即车辆方向为直行时，车辆依次经过元胞 20、21、22、23、24、7、50 进入出口道 6-2。元胞 21、22、23、24 为中间层元胞，上面的车辆具有优先通行权，只要前方元胞为空，就可以加速。元胞 20 为最外层元胞，前方元胞为冲突点，只有当前方元胞为空，且没有存在通行权更高的冲突车流时，车辆才会加速。

元胞 20：车辆按照下述三个步骤依次判断前方三个元胞的状态。

Step 1：判断前方第一个元胞的状态，满足下列条件时，$v(x, y) \to 1$。

① cells$(x, y+1) = 0$，表示元胞 21 为空。

② $cells(x-1,y+1)=0$ 或 $cells\_direction(x-1,y+1)=1$，表示元胞32无冲突车流。

③ $cells(x-2,y+1)=0$ 或 $cells\_direction(x-2,y+1)=1$，表示元胞31无冲突车流。

④ $cells(x-3,y+1)=0$ 或 $|cells\_lane(x-3,y+1)-cells\_lane(x,y)|=1$，表示元胞30没有冲突车流。

Step 2：判断前方第二个元胞的状态，当 $cells(x-1,y+3)=0$ 时，$v(x,y)\to\min(d(x,y),2)$，否则 $v(x,y)$ 不变。表示元胞34为空时，元胞20上的车辆最多可以前进2个元胞。

Step 3：判断前方第三个元胞的状态，当 $cells(x+1,y+3)=0$ 时，$v(x,y)\to\min(d(x,y),3)$，否则 $v(x,y)$ 不变。表示元胞4为空时，元胞20上的车辆最多可以前进3个元胞。

元胞21、元胞22、元胞23、元胞24、元胞7：$v(x,y)\to\min(d(x,y),3)$。

（3）右转车辆

若 $cells\_direction(x,y)=3$，即车辆方向为右转时，车辆经过元胞1、60进入出口道7-3。只要前方元胞为空，车辆就可以加速。

元胞1→元胞60：若 $cells(x+1,y)=0$，则 $v(x,y)\to 1$，否则 $v(x,y)\to 0$，表示前方元胞1为空时，车辆将加速到1格/时间步长。

（4）位置更新

在 $t+1$ 时刻，$\begin{cases} cells(x,y)\to cells(x,y), & v(x,y)=0 \\ cells(x,y)\to cells(x\_front,y\_front), & v(x,y)\neq 0 \end{cases}$，车辆按上述步骤中更新好的速度更新位置。

5.3 交通事故模拟及分析

交通事故在城市路网中时有发生，交通事故发生后，通常会导致事故路段通行能力下降，当该路段交通需求大于通行能力时，会形成排队现象，如果得不到及时有效的控制，有可能会发生路网的局部死锁，导致大范围交通瘫痪。交通事故发生时的背景交通量、交通事故在路网中所处的位置、交通事故与上游交叉口的距离、交通事故导致的堵塞车道数、交通事故的持续时间以及交叉口控制方式等是影响交通拥堵的主要因素。

采用前面的双向六车道城市路网元胞自动机模型，模拟交通事故影响下的交通拥堵的形成、传播和消散，分析交通事故影响下的城市路网拥堵特性。采用 5×5 的双向六车道城市路网进行模拟，路段编号如图 2.2 所示。该网络包含 25 个节点，80 个路段。每个路段的长度为 40 个元胞，有 3 个车道。每个路段之间最少有 1 条最短路，最多有 20 条最短路（1 号路段到 80 号路段），共有 14260 条最短路。不涉及交叉口控制方式时，交叉口采用无信号控制。车辆在路段上的最高速度为 3 元胞/时间步，慢化概率为 0.03，转向换道概率为 1，母道换母道概率为 0.2，母道换反向车道概率为 0。取路段平均瞬时速度 $\bar{u}_c = 0.74$，即路段平均瞬时速度低于 20km/h 时，认为该路段处于交通拥堵状态。

在计算机模拟中，对各种交通事故的影响因素分别进行仿真。每次模拟时，先按照无交通事故的情况模拟 10000 个时间步，然后开始进行事故模拟。计量事故开始的时间和统计数据时，舍弃前面的 10000 个时间步，从第 10001 个时间步开始统计，每种情况模拟 10 次，仿真结果取平均值。

5.3.1 交通事故发生时的背景交通量

交通事故发生时的背景交通量体现了事故发生的时间，当事故发生在早晚高峰时，背景交通量大，发生在非高峰时间时，背景交通量小。由于交通事故产生拥堵的本质是通行能力下降和排队延长，因此，当背景交通量较小时，排队长度也相对较短，对上游交叉口的影响较小。假设事故发生时的背景交通量对应的路网交通密度分别为 0.025 和 0.05，事故发生在 31 号路段的第 20 个元胞处，事故开始时间为第 300 个时间步，持续 300 个时间步，第 600 个时间步时事故解除，事故导致 31 号路段的 3 条车道全部封闭。

交通事故发生时的背景交通量对路网车速的影响如图 5.3 所示。背景交通量越大，交通事故对路网车速的影响越大。不论事故发生时的背景交通量为多少，交通事故均对路网车速造成了一定的影响。当事故发生时的路网交通密度为 0.025 时，交通事故导致路网车速降至 1.75，路网车速在第 700 个时间步恢复正常；当事故发生时的路网交通密度为 0.05 时，事故导致路网车速降至 1.23，路网车速在第 900 个时间步恢复正常。可见，早晚高峰期发生的事故对路网交通流的影响要更大一些。

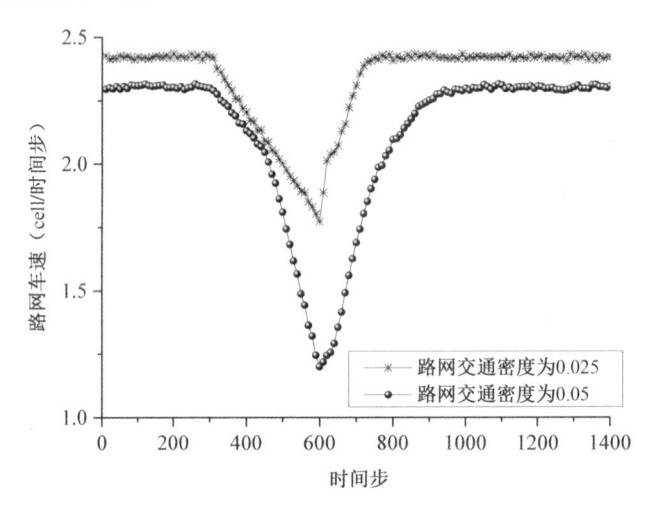

图 5.3 交通事故发生时的背景交通量对路网车速的影响

交通事故发生时的背景交通量对相关路段的影响如图 5.4 所示。

① 背景交通量越大，交通事件持续时间越长。当事故发生时的路网交通密度为 0.025 时，事故路段车速在第 720 个时间步恢复正常，交通事件持续时间为 420 个时间步；当交通事故发生时的路网交通密度为 0.05 时，事故路段

车速在第 1000 个时间步恢复正常，交通事件持续时间为 700 个时间步。

② 背景交通量越大，拥堵规模越大。当事故发生时的路网交通密度为 0.025 时，交通事故导致发生事故的 31 号路段车速降为 0，上游的 22 号路段车速降为 1.25，拥堵规模为 1 个路段；当事故发生时的路网交通密度为 0.05 时，除了事故路段，上游的 22、23 和 13 号路段，以及对向的 32 号路段的车速也降至 0.74 以下，拥堵规模为 5 个路段。

（a）路网交通密度为 0.025

（b）路网交通密度为 0.05

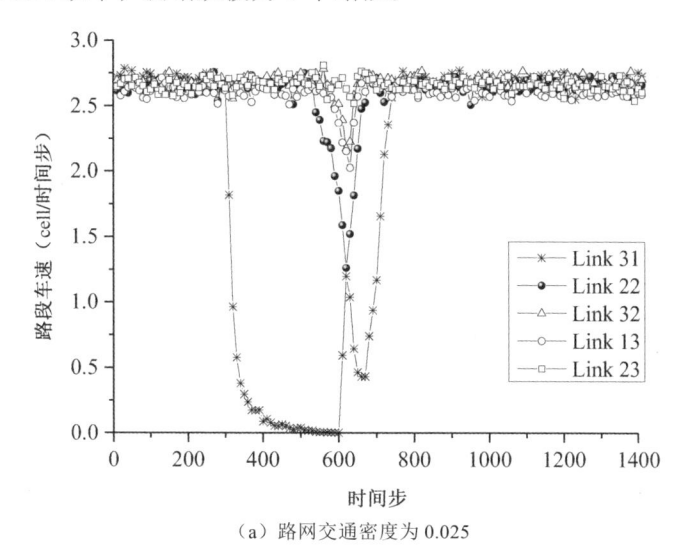

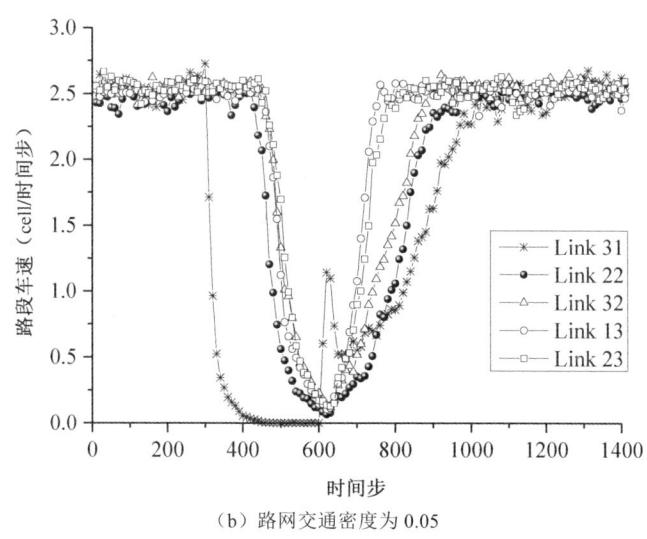

图 5.4　交通事故发生时的背景交通量对相关路段的影响

5.3.2 交通事故在路网中所处的位置

城市路网是由不同功能、不同等级的道路组成的，各条道路根据所处的位置不同，承载的交通量有很大的差异。同样一起交通事故，发生在不同的路段上，造成的影响并不一样。一般来说，如果事故发生在郊区路段，由于交通需求小，事故对路网的影响较小，如果事故发生在中心区路段，由于交通需求相对较大，对路网的影响较大。

由表 3-3 可知，5×5 的路网上共有 80 个路段，根据路段在最短路径集合中被选中的概率可分为 10 种类型。以事故持续时间 300 个时间步为例，研究事故在路网中所处的位置对交通流的影响。假设事故发生时的路网交通密度为 0.075，事故分别发生在 1、2、3、4、11、12、13、21、22 和 31 等 10 个路段上，事故开始时间为第 300 个时间步，持续 300 个时间步，第 600 个时间步时事故解除，事故导致路段的 3 条车道全部封闭。

交通事故所处的位置对路网车速的影响如图 5.5 所示。不论事故发生在哪个路段，路网车速都有所下降，当事故解除后，速度逐渐恢复正常。交通事故所处的路段距离路网中心越近，交通事故对路网交通流的影响越大，路网平均瞬时速度下降越明显，当事故解除后，速度恢复正常所需的时间越长。1 号、11 号、21 号和 31 号路段距离路网中心的距离逐渐减小，路网车速下降的程度逐渐增加。当事故发生在 1 号路段时，路网车速从 1.8 降至 1.7；当事故发生在 31 号路段时，路网车速降至 0.9。可见，发生在城市中心区域的交通事故比发生在郊区的交通事故对路网交通流的影响要大。

交通事故所处的位置对相关路段的影响如图 5.6 所示。从中可以得出如下结论：

① 事故发生在不同的路段，影响范围是不同的。事故发生在 4 号路段时，主要影响的是上游的 12、2、3 和 31 号路段，拥堵规模为 4 个路段；事故发生

第 5 章　交通事故影响下的城市路网拥堵特性及控制方法

在 21 号路段时，主要影响的是 23、32、13、22 和 31 号路段，拥堵规模为 5 个路段。

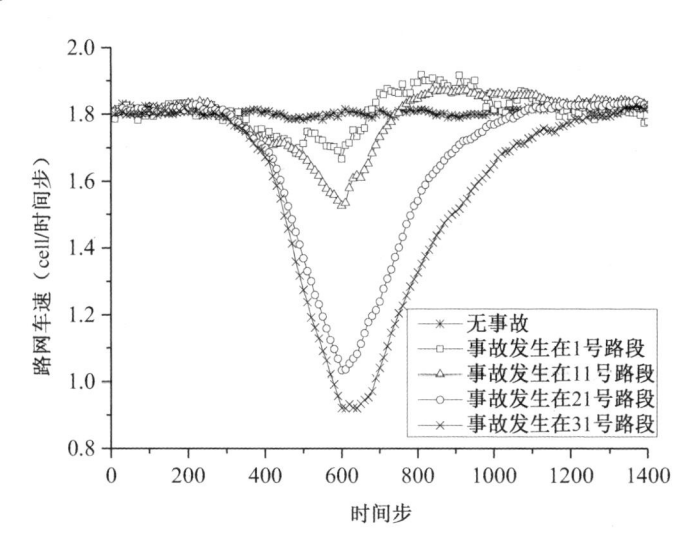

图 5.5　交通事故所处的位置对路网车速的影响

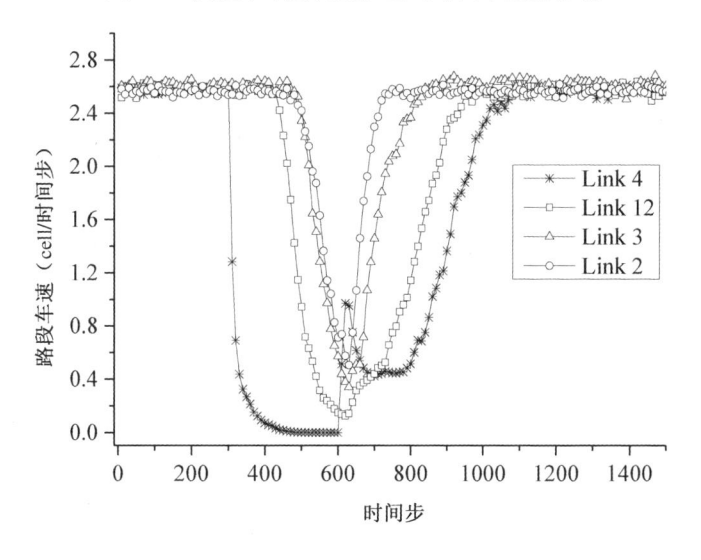

（a）交通事故发生在 4 号路段

图 5.6　交通事故所处的位置对路段车速的影响

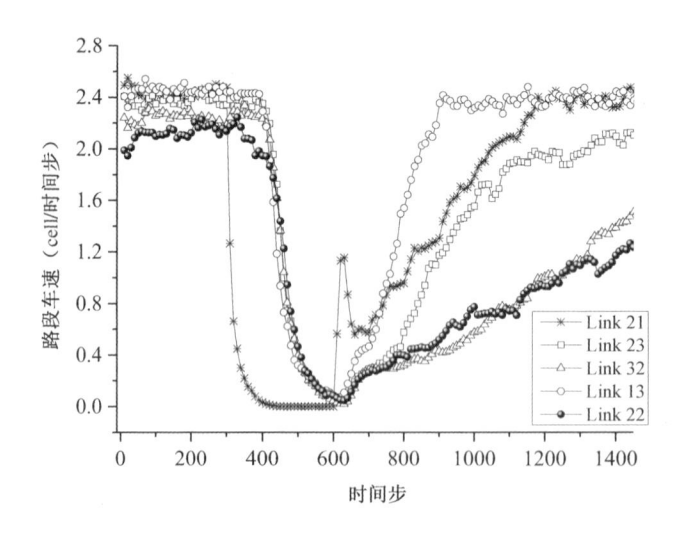

(b）交通事故发生在 21 号路段

图 5.6　交通事故所处的位置对路段车速的影响（续）

② 事故路段总是最先发生拥堵，然后再波及其他路段。比如 4 号路段发生事故后，首先发生拥堵，一段时间之后，拥堵向上游的 12 号路段传播，紧接着 2 号和 3 号路段车速也跟着下降。事故解除后，4 号路段车速迅速反弹，但 12、2 和 3 号路段的车速还会有一个短暂的下降过程，然后再慢慢恢复。

③ 事故解除后，事故路段的车速会有一个反弹。这是因为事故导致 3 条车道全部堵塞，在事故前方形成了一个空白区，当事故解除后，车辆迅速前进，形成一个启动波，速度较大，然后速度慢慢下降，最后再慢慢上升，恢复正常。

④ 事故解除后，事故波及路段有可能会发生持续拥堵。比如当事故发生在 21 号路段时，21 号路段的车速在第 1200 个时间步恢复正常，而 22 号和 32 号路段的车速需要更长的时间才能恢复。

5.3.3　交通事故与上游交叉口的距离

交通事故与上游交叉口的距离对交通拥堵也有非常重要的影响。假设事故发生时的路网交通密度为 0.075，事故分别发生在 31 号路段上游交叉口开始的第 6～20 个元胞上，事故开始时间为第 300 个时间步，持续 300 个时间步，第 600 个时间步时事故解除，事故导致 31 号路段的 3 条车道全部封闭，对事故期间的车速分别进行统计。

交通事故与上游交叉口的距离对路网车速的影响如图 5.7 所示。事故在路段中的位置对拥堵的形成有重要的影响。事故位于路段中间时，对交通流的影响最小。事故位置越接近路段上游交叉口，可供排队的路段长度越短，越容易引起交通拥堵。

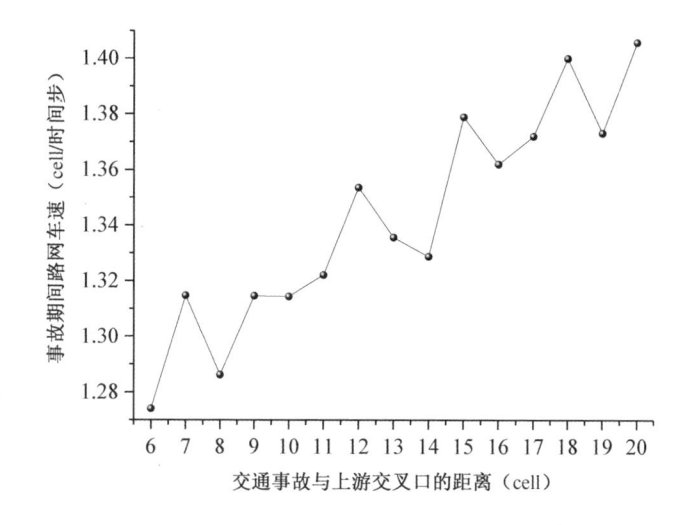

图 5.7 交通事故与上游交叉口的距离对路网车速的影响

交通事故与上游交叉口的距离对相关路段的影响如图 5.8 所示。交通事故距离上游交叉口越近，事故解除后，路段车速反弹越明显，因为事故前方的空闲车道越长，车辆加速越容易。事故距离上游交叉口的距离越近，拥堵范围越大。当事故发生在第 20 号元胞时，导致发生事故的 31 号路段，对向的 32 号路段，以及上游的 13、22、23 号路段车速降至 0.74 以下，形成交通拥堵，拥堵规模为 5 个路段；当事故发生在第 6 号元胞时，除了上述 5 个路段之外，还导致 22 号路段上游的 30 号路段车速降至 1.2，虽然没有降至 0.74 以下，但也对 30 号路段造成了不小的干扰。可见，事故与上游交叉口的距离增加，可以减轻事故对上游路段的影响。

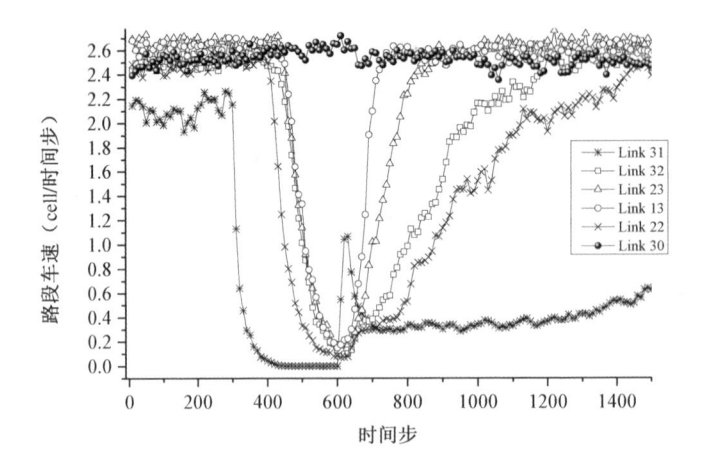

(a)交通事故发生在 20 号元胞

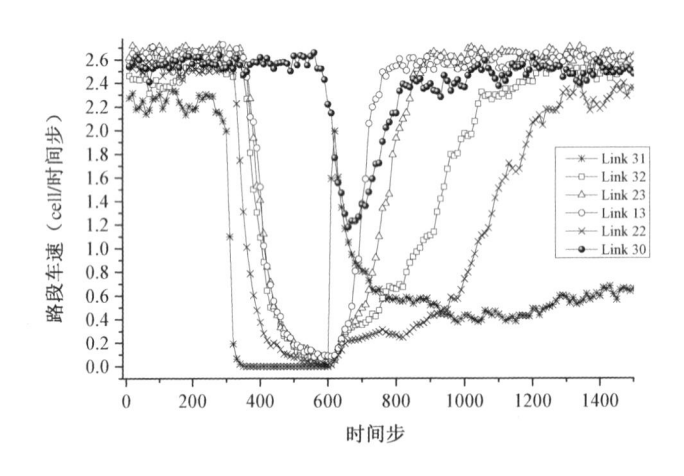

(b)交通事故发生在 6 号元胞

图 5.8　交通事故与上游交叉口的距离对相关路段的影响

5.3.4　交通事故严重程度

假设仿真时间段内交通事故路段通行能力受交通事故影响的严重程度分为三个级别：重度，事故路段 3 条车道全部因事故封闭，即事故路段通行能力受事故影响降低 100%；中度，事故路段 3 条车道中 2 条因事故封闭，即事故路段通行能力受事故影响降低67%；轻度，事故路段3条车道中1条因事故封闭，即事故路段通行能力受事故影响降低33%。分别对不同通行能力下的网络状况进行仿真。

假设事故发生时的路网交通密度为0.075，事故发生在31号路段第20个元胞上，事故开始时间为第300个时间步，持续300个时间步，第600个时间步时事故解除，事故分别导致31号路段的1条、2条和3条车道封闭。

交通事故严重程度对事故路段和路网车速的影响分别如图5.9和图5.10所示。交通事故对路段影响比较明显，随着堵塞车道数增加，车速下降幅度增加，路段车速恢复所需时间增加，交通事件持续时间延长。堵塞1条车道时影响较小，车速基本没有下降，堵塞2条车道时，车速有少量下降，堵塞3条车道时，车速下降最多。事故堵塞车道数为1条和2条时，事故解除后，能迅速恢复正常车速，堵塞车道数为3条时，需要较长时间才能恢复正常车速。交通事故的严重程度与拥堵区域的形成与消散具有十分密切的关系。事故导致1条车道和2条车道封闭时，对路网车速基本没有影响，导致3条车道封闭时，路网车速降至1.0以下，可见，事故导致车道全封闭，比部分封闭对路网拥堵造成的影响要大得多。

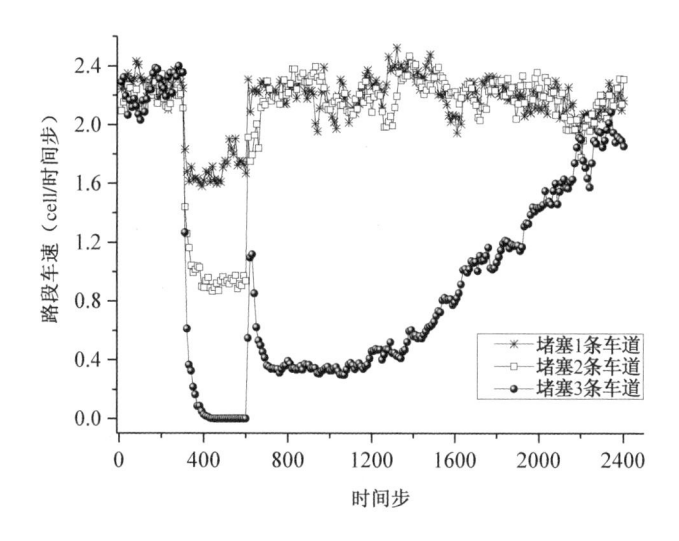

图5.9 交通事故严重程度对事故路段车速的影响

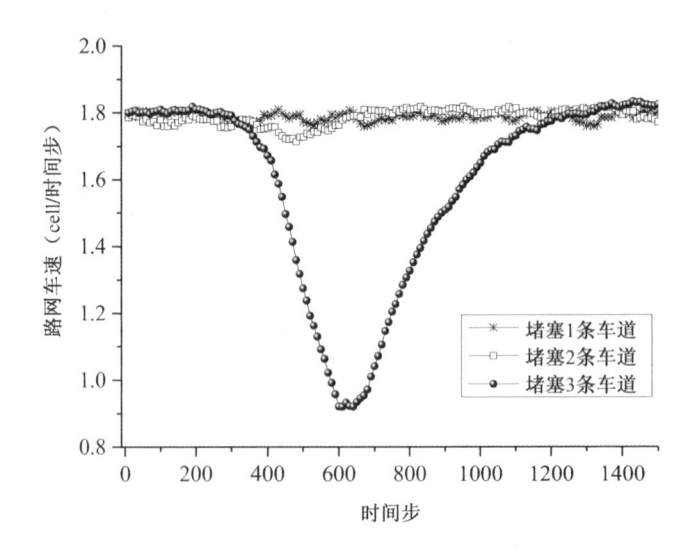

图 5.10 交通事故严重程度对路网车速的影响

5.3.5 交通事故持续时间

交通事故持续时间即道路通行能力缩减所持续的时间，会影响到路段排队长度，对路网交通流有重要影响。假设事故发生时的路网交通密度为 0.075，事故发生在 31 号路段第 20 个元胞上，事故开始时间为第 300 个时间步，持续时间分别为 300 和 600 个时间步。事故导致 31 号路段 3 条车道全部封闭。

交通事故持续时间对路网车速的影响如图 5.11 所示。不论事故持续时间为多少，交通事故均对路网车速造成了一定的影响。持续时间越长，影响越大，当事故持续时间为 300 个时间步时，交通事故导致路网车速降至 1.0，当事故持续时间为 600 个时间步时，事故导致路网车速降至 0.2。当事故持续时间为 300 个时间步时，路网车速在第 1000 个时间步恢复正常，当事故持续时间为 600 个时间步时，路网车速在第 1600 个时间步恢复正常，事故持续时间增加了 300 个时间步，但对路网车速的影响增加了 600 个时间步。

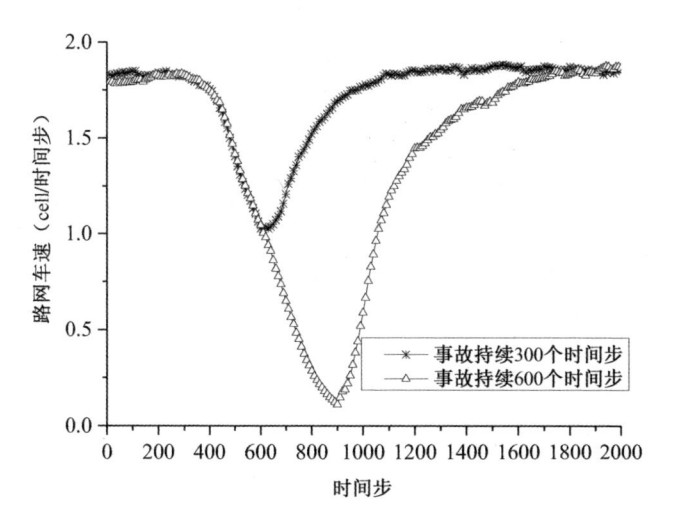

第 5 章 交通事故影响下的城市路网拥堵特性及控制方法

图 5.11 交通事故持续时间对路网车速的影响

交通事故持续时间对相关路段的影响如图 5.12 所示。当交通事故持续时间为 300 个时间步时，除了事故路段，上游的 22、23 和 13 号路段，以及对向的 32 号路段的车速也降至 0.74 以下，因此拥堵规模为 5 个路段。当交通事故持续时间为 600 个时间步时，除了上述 5 个路段，50、40、30 和 41 号路段的车速也降至 0.74 以下，因此，拥堵规模为 9 条路段。

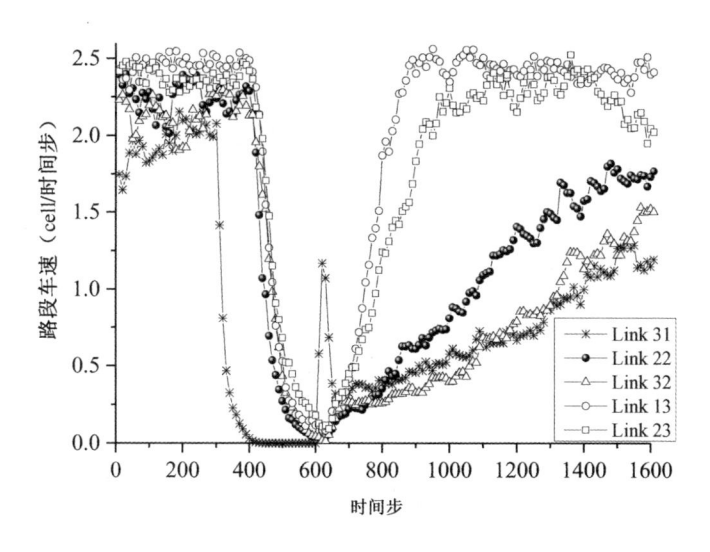

(a) 事故持续 300 个时间步，对 31、22、32、13、23 号路段的影响

图 5.12 交通事故持续时间对相关路段的影响

107

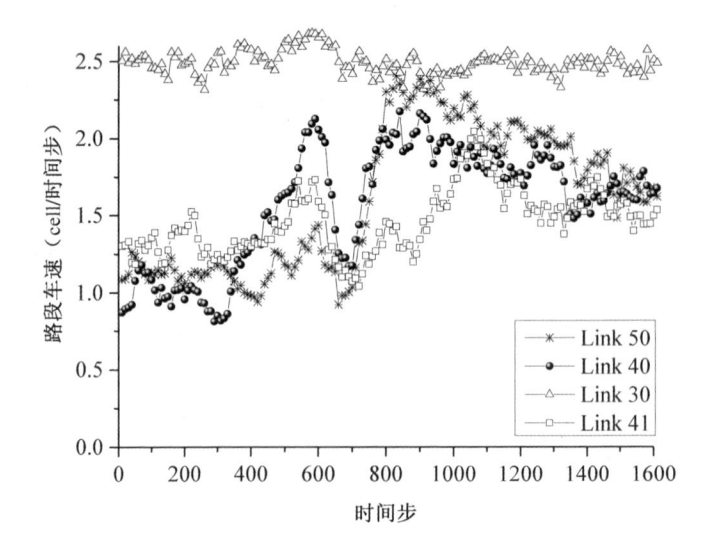

(b) 事故持续 300 个时间步，对 50、40、30、41 号路段的影响

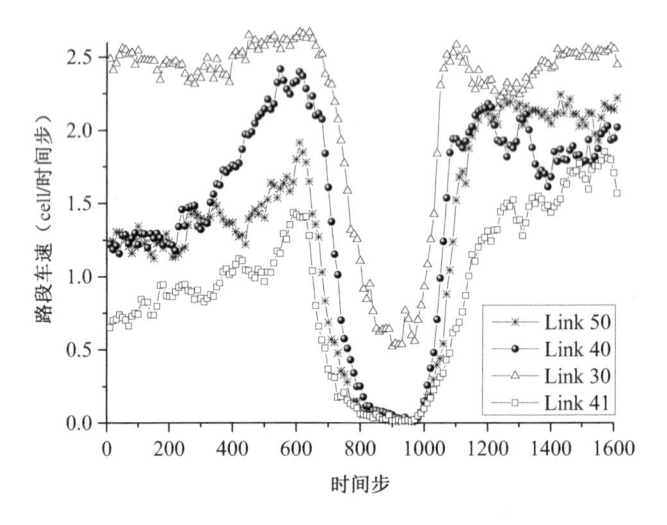

(c) 事故持续 600 个时间步，对 50、40、30、41 号路段的影响

图 5.12　交通事故持续时间对相关路段的影响（续）

5.3.6　交叉口控制方式

交通事故发生时，交叉口的控制方式对交通拥堵也有较大的影响。假设交叉口采用两相位信号控制，相位和相序如图 2.13 所示。仿真过程中，所有右转

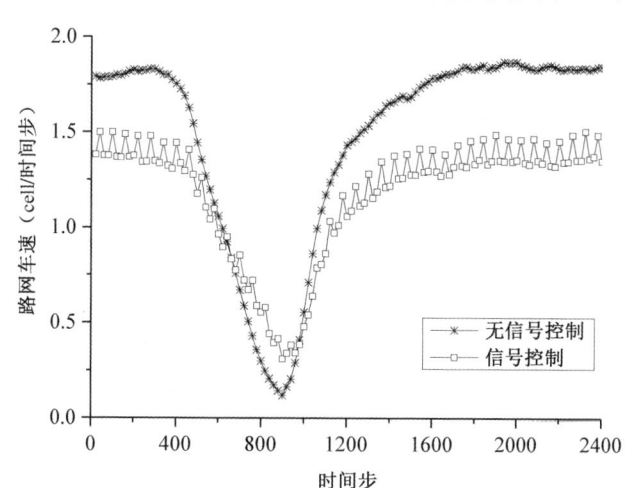

车辆不受信号控制。选取固定的信号周期，信号周期长度为 40 个时间步。

图 5.13 交叉口控制方式对交通事故的影响

交叉口控制方式对路网车速的影响如图 5.13 所示。当没有交通事故发生时，采用无信号控制时的路网车速要低于采用信号控制时的路网车速，而当发生交通事故时，采用信号控制时的路网车速下降幅度要明显小于采用无信号控制时的情况。这是因为信号控制的存在使得路网的连续交通流变成了间断交通流，车辆一波一波进入事故路段，使得事故路段的排队长度有所减少。这说明信号控制能够弱化交通事故对路网交通流的影响，减少交通拥堵的发生，避免拥堵在更大范围内的传播。

5.4 交通拥堵控制方法

5.4.1 临时车辆禁行

假设事故发生时的路网交通密度为 0.075，事故发生在 31 号路段第 20 个元胞上，事故开始时间为第 300 个时间步，持续时间为 600 个时间步，事故导致 31 号路段 3 条车道全部封闭。禁行措施为事故发生后，上游的 13、22 和 23

号路段上的车辆禁止驶入 31 号路段,车辆由其他路段绕行。

车辆禁行对事故路段的影响如图 5.14 所示。无禁行措施时,31 号路段的车速要在第 2400 个时间步左右才恢复正常,而采取禁行措施后,31 号路段的车速在第 900 个时间步即可恢复正常,也就是说事故一解除,马上就能恢复正常,说明禁行措施起到了非常明显的效果。

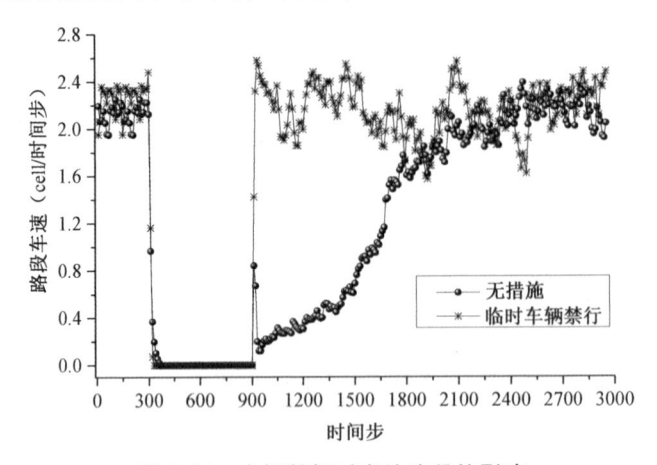

图 5.14 车辆禁行对事故路段的影响

车辆禁行开始时间对路网车速的影响如图 5.15 所示。无禁行措施时,路网车速降至 0.1 左右,发生了严重的交通拥堵,采取禁行措施后,路网车速有明显提升。当交通事故发生时,立刻采取禁行措施,即禁行措施延迟 0 个时间步时,路网车速只有少许下降,当禁行措施延迟 50 个时间步时,路网车速下降至 0.8 左右,这说明禁行措施的延迟会导致禁行措施实施效果的减弱。当发生严重的交通事故时,越早开始实施禁行,交通拥堵越不容易发生,拥堵控制的效果越好。

5.4.2 动态路径诱导

假设事故发生时的路网交通密度为 0.075,事故发生在 31 号路段第 20 个元胞上,事故开始时间为第 300 个时间步,持续时间为 600 个时间步,事故导致 31 号路段 3 条车道全部封闭。

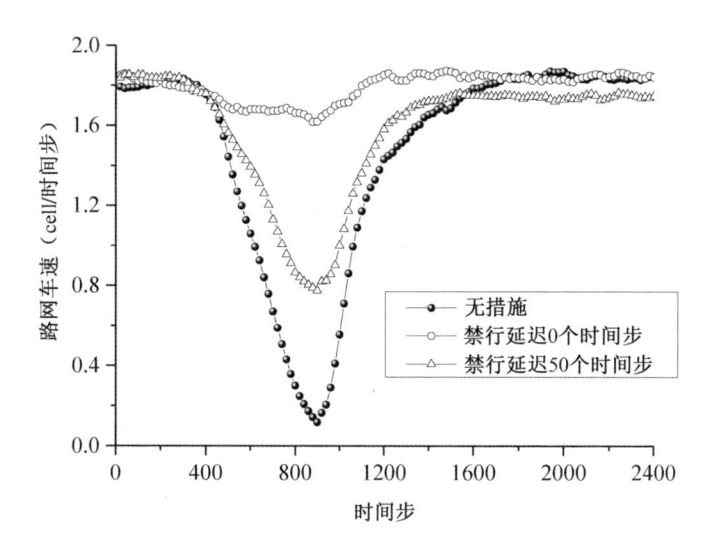

图 5.15 车辆禁行开始时间对路网车速的影响

动态路径诱导对路网车速的影响如图 5.16 所示。没有路径诱导时，交通事故导致路网车速从 1.8 降至 0.2 左右，发生了严重的交通拥堵，而路径诱导条件下，路网车速仅降至 1.5 左右，说明路径诱导能够使得车辆避开事故路段，减少交通拥堵的影响范围，降低影响程度。另外，无路径诱导时路网车速在 1600 个时间步时恢复正常，而有路径诱导时，路网车速在 1100 个时间步时就恢复了正常，说明路径诱导使得路网车速恢复的时间明显加快。

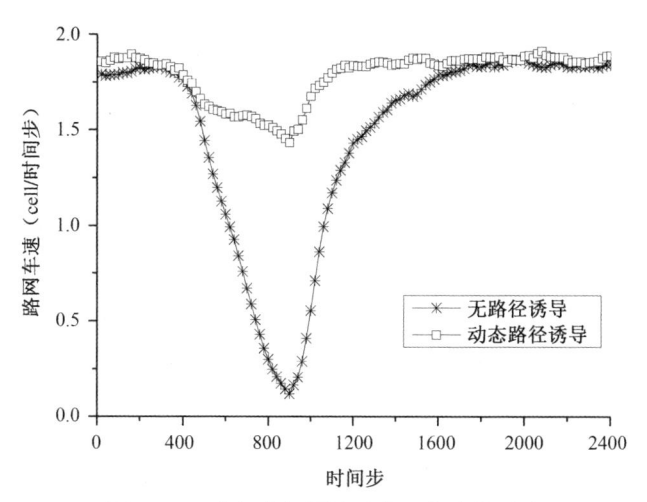

图 5.16 动态路径诱导对路网车速的影响

没有动态路径诱导和有动态路径诱导时的交通事故影响范围分别如图 5.17 和图 5.18 所示。当没有路径诱导措施时，31 号路段和上游的 22、13、23 号路段，以及对向的 32 号路段的车速均降至 0，形成了严重的交通拥堵，事故在第 900 个时间步解除后，除了 13 和 23 号路段能较快恢复正常车速，其余 3 个路段都需要在第 2200 个时间步后才能恢复正常车速。当采取路径诱导措施时，除了事故路段的车速将至 0，其余 4 个路段的车速下降不多，受影响较小，而且事故解除后，也能很快恢复正常车速。可见，路径诱导措施能够减少事故影响范围，降低交通事故对路网拥堵的影响。

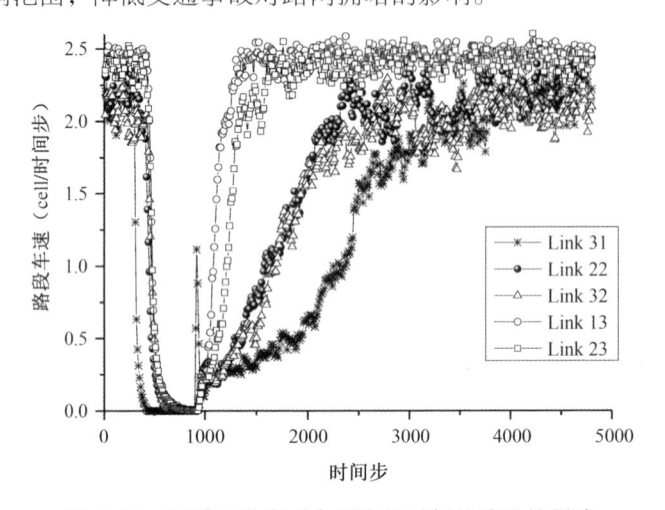

图 5.17　无诱导措施时交通事故对相关路段的影响

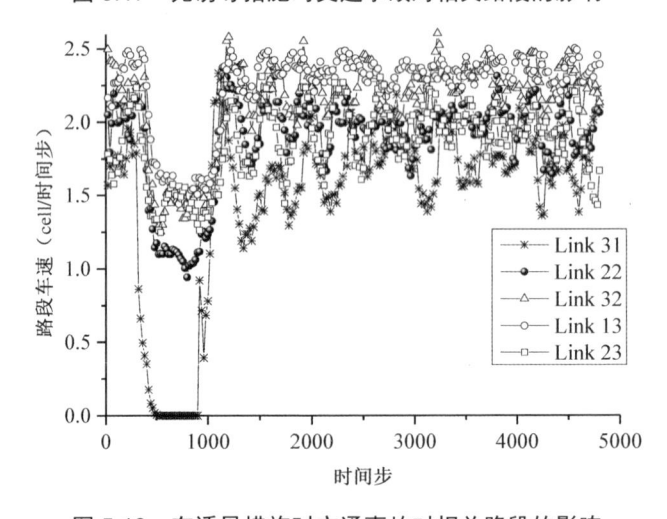

图 5.18　有诱导措施时交通事故对相关路段的影响

5.5 本章小结

本章构建了双向六车道路网元胞自动机模型，分析了事故发生时背景交通量、事故在路网中的位置、事故与上游交叉口的距离、事故导致的封闭车道数量、事故持续时间以及交叉口控制方式等对路网拥堵的影响，研究了交通拥堵传播与消散的规律，评价了车辆禁行和路径诱导对路网拥堵控制的实施效果。

在 5.2 节，构建了双向交通的六车道路网元胞自动机模型。双向六车道道路的内侧车道允许双向通行，车辆存在四种换道行为：转向换道、母道换母道、母道换反向车道和反向车道换母道，分别建立了对应的四种换道规则。车辆在交叉口前根据车辆的转向、信号灯状态和交叉口内的冲突车流情况决定是否进入交叉口。交叉口内的直行车辆最高速度为 3 元胞/时间步长，左转和右转车辆的最高速度为 1 元胞/时间步长。交叉口内的左转、直行和右转车辆分别遵循不同的更新规则。

在 5.3 节和 5.4 节，对交通事故这一不可预测的交通事件进行了模拟。研究了交通事故发生前后相关路段的交通流变化情况，分析了不同条件下交通事故对路网拥堵的影响，对临时车辆禁行和路径诱导措施的实施效果进行了评价。数值模拟结果表明，背景交通量越大，交通事件持续时间越长，路网拥堵规模越大；事故发生在不同的路段，影响范围是不同的；事故路段总是最先发生拥堵，然后波及其他路段；事故解除后，事故路段的车速会有一个反弹；事故解除后，事故波及路段有可能会发生持续拥堵；交通事故距离上游交叉口越近，拥堵范围越大，事故解除后，路段车速反弹越明显；交通事故的严重程度与拥堵区域的形成与消散具有十分密切的关系，随着堵塞车道数增加，车速下降幅度增加，路段车速恢复所需时间增加，交通事件持续时间延长；交通事故持续时间越长，影响范围越大，拥堵时间越长；采用无信号控制时的路网车速要低于采用信号控制时的路网车速,而当发生交通事故时,采用信号控制时的路网车速下降幅度要明显小于采用无信号控制时的情况,说明信号控制能弱化交通事故对路网交通拥堵的影响;临时车辆禁行和动态路径诱导能有效缓解交通拥堵,车辆禁行开始的时间对拥堵控制效果具有重要的影响。

第 6 章

基于元胞自动机的生态驾驶行为仿真

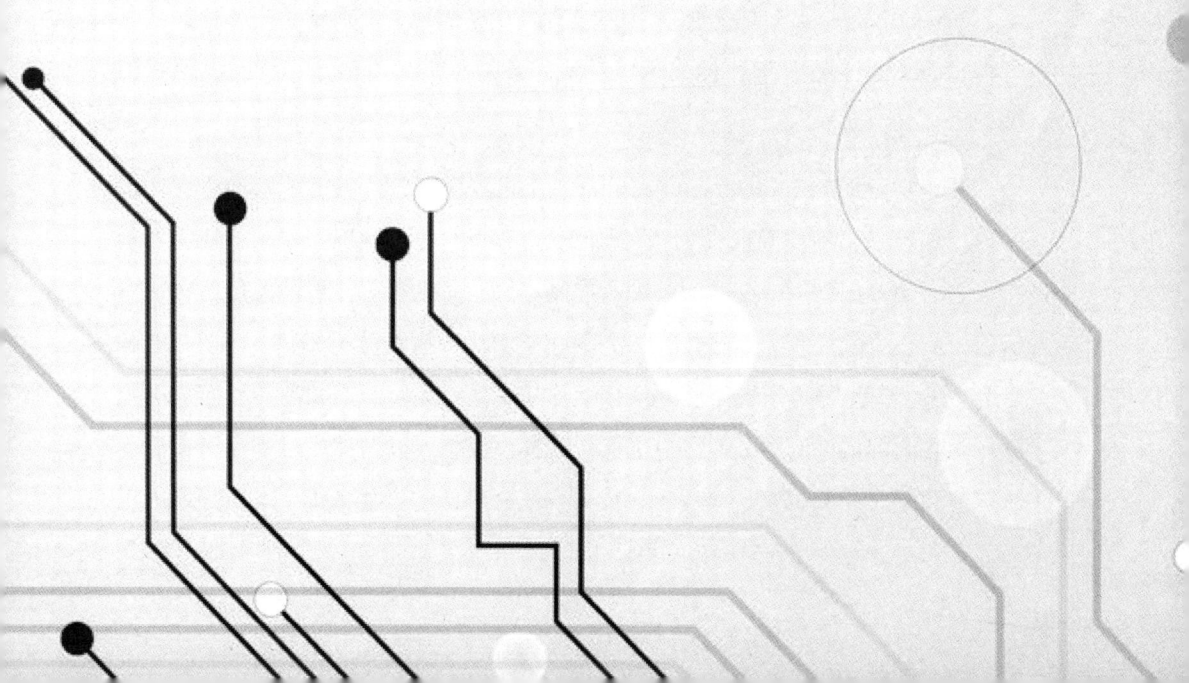

6.1 引言

生态驾驶（Eco-Driving）的概念出现于20世纪90年代，是一种节能和环境可持续发展的手段。生态驾驶倡导缓慢提速、提前减速，尽可能避免猛踩油门和急刹车，通过对车辆驾驶行为的优化，平滑车辆行驶轨迹，降低燃油消耗和尾气排放[76]。

车辆的生态驾驶行为可以归结为"行驶轨迹优化问题"。在车路协同环境下，车辆能够与交叉口信号控制等装置实时交换信息，预判到达交叉口时信号灯的状态，通过调整车速优化行驶轨迹，避免在交叉口停车，从而实现生态驾驶。

强化学习（Reinforcement Learning）是机器学习的一种，能够通过在环境中自主学习来使累积回报最大化，从而建立不同的交通状况和相应的最优控制行为之间的最佳映射。在交通管理与控制领域，强化学习已经被应用于自适应信号控制、匝道控制和路径规划。在强化学习中，智能体（车辆、匝道、信号灯等）在一个封闭的系统中与环境相互作用，得到环境交通状态和相应最优控制行为之间的最佳映射，提供最优操作规律。智能体根据迭代过程中得到的所采取行动的反馈奖励来调整策略，直到收敛到最佳的操作策略。本研究采用元胞自动机模型和强化学习技术相结合的方式，对车辆的生态驾驶行为进行研究。

6.2 基于元胞自动机的生态驾驶仿真平台

本节基于元胞自动机模型，建立一个能够反映现实交通世界的环境模型，使车辆能够在仿真平台上自主学习[77]。

如图 6.1 所示，一个装有"路—车通信装置"的平面十字信号控制交叉口被作为强化学习的离散事件环境模型。交叉口的上游车道被分割成 L_{up} 个元胞，下游车道被分割成 L_{down} 个元胞。每个元胞的长度为 3.5m，每辆车占据 2 个元胞，车辆沿道路右侧行驶。

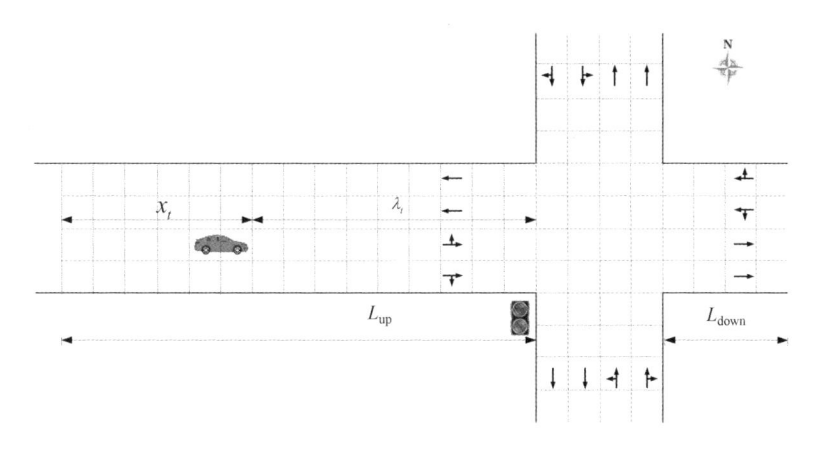

图 6.1 平面十字信号控制交叉口示意图

在离散的仿真环境中，每个时间步对应于 1 秒。假设 t 表示当前时刻，x_t，v_t 和 a_t 分别表示车辆当前时刻的位置、速度和加速度。每辆车的最高速度为 v_{max} =5 cell/s（17.5m/s），车速 v_t 取值范围为 $v_t = 0,1,2,\cdots,v_{max}$。

车辆与下游交叉口停车线之间的距离为 λ_t，可以通过公式 6.1 得到：

$$\lambda_t = L_{up} - x_t \tag{6.1}$$

交叉口采用信号控制。如图 6.2 所示，T_{cycle} 和 T_{green} 分别表示交叉口信号周期时长和绿灯时长。φ_t 表示在一个信号周期中，当前时间步相对于绿灯开始时刻的时间差。靠近交叉口的车辆可以通过"路—车通信装置"接收实时的信号灯状态信息。

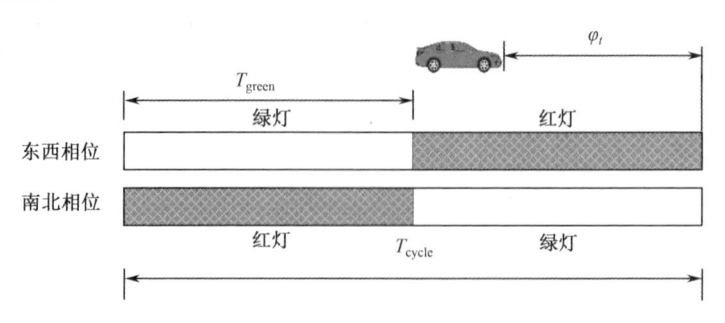

图 6.2 信号控制周期示意图

6.3 车辆状态和动作集合

车辆的状态用三个参数来描述，包括位置 x_t，信号灯状态 φ_t 和车速 v_t。车辆在 t 时刻的动作为 A_t，A_t 的值为 -1，0 和 1，分别表示加速、匀速和减速。在任意时刻，车辆根据状态 $S_t(x_t, \varphi_t, v_t)$，在动作集合中独立选择一个动作来执行。

在任意仿真时间步，车辆的状态更新取决于 x_t，v_t，φ_t 和 A_t。上游每辆车的速度和位置按照下述公式 6.2～6.7 并行更新：

$$v'_t = \min\left(\max(v_t + A'_t, 0), v_{\max}\right) \quad (6.2)$$

式中，$A'_t \in [-1, 0, 1]$ 和 v'_t 分别表示车辆的期望动作和在 t 时刻的临时速度：

$$v_{t+1} = \begin{cases} \min(v'_t, \lambda_t) & x_t \leqslant L_{up} \text{ 且 } \varphi_t > T_{green} \\ \min(v'_t, L - x_t) & \text{其他} \end{cases} \quad (6.3)$$

式中，v_{t+1} 表示车辆在第 t 个时间步采用的真实车速。

$$a_t = v_{t+1} - v_t \quad (6.4)$$

式中，a_t 表示车辆的加速度：

$$A_t = \begin{cases} 1, & a_t > 0 \\ 0, & a_t = 0 \\ -1, & a_t < 0 \end{cases} \quad (6.5)$$

$$\varphi_{t+1} = \begin{cases} \varphi_t + 1, & \varphi_t < T_{\text{cycle}} \\ 1, & \varphi_t = T_{\text{cycle}} \end{cases} \quad (6.6)$$

$$S_t(x_t, \varphi_t, v_t) \to \begin{cases} S_{t+1}(x_t + v_t, \varphi_{t+1}, v_{t+1}), & x_t + v_t \leq L_{\text{up}} \\ S_{t+1}(L_{\text{up}} + 1, \varphi_{t+1}, v_{t+1}), & x_t + v_t > L_{\text{up}} \end{cases} \quad (6.7)$$

当车辆通过停车线进入交叉口时，车辆将尽快加速至期望车速 v_{max} 离开交叉口进入下游路段。

6.4 *Q*-learning 算法

Q-learning 算法是最常用的强化学习算法。在 Q-learning 算法中，智能体基于累积奖励 $R(S, A)$ 来学习环境状态 S 和相应最优动作 A 之间的最佳映射。每一个"状态—动作"对 (S, A) 有一个值被称为 *Q* 值，表示对该"状态—动作"对的期望长期累积奖励。在每一次迭代中，即 t 时刻，智能体通过观察当前的状态 S，从可能的动作集合中选择一个动作 A 并执行。然后，*Q* 值根据即时奖励 $R(S, A)$ 和下一时间步的 *Q* 值进行更新。

初始时，一辆车被放置在仿真平台的起始元胞上，车辆的起始速度是随机的，然后从该元胞出发，直到到达交叉口的停车线。换句话说，目标状态是 $S(L_{\text{up}} + 1, \varphi_t)$。为每一个动作分配一个回报值：直接通往目标状态的动作将得到一个直接的奖励，该奖励取决于尾气排放总量。没有与目标状态直接相连的其他动作的奖励为 0（前进）或受到一个惩罚（停车）[78]。

假设车辆可以从实践中学习。车辆能够沿着道路前进，从一个元胞到另一个元胞，但是对环境一无所知，也不知道什么样的动作序列能够带来最低的尾气排放。

添加一个 $(L_{up}+1)\,T_{cycle}$ 的 Q 矩阵到车辆的"大脑"中，来代表智能体通过经验学习到的记忆。Q 矩阵的行代表车辆当前的位置 x_t，列代表信号灯的状态 φ_t。矩阵的每个元素包含一个 3×6 的子矩阵。子矩阵的行代表车辆的动作（加速、匀速或减速），列代表车辆的速度（0，1，2，3，4，5 cell/s）。Q 矩阵的行、列和子矩阵的列代表车辆的当前状态，子矩阵的行代表车辆可能的动作，该动作将使车辆转移到下一状态。

开始时，车辆什么也不知道，Q 矩阵被初始化为 0。车辆将会从一个状态到另一个状态去探索，直到它到达目标状态。每一次这样的探索为一次训练。每次训练就是车辆从起始状态到目标状态的过程。每次车辆到达目标状态，程序就会进入下一个训练中。在每次训练中，出现在仿真平台起始位置的车辆会被随机分配一个速度 v_0 和随机的信号灯状态 φ_0。他们共同组成了车辆的起始状态 $S_1(1,\varphi_1,v_1)$，在目标状态尚未达到的情况下执行下列步骤。

（1）根据当前的状态，从可能的动作集合中随机选择一个动作；

（2）使用可能的动作，转移到下一个状态；

（3）得到下一个状态所有可能的 Q 值中的最大值；

（4）利用公式 6.8，将当前状态更新为下一个状态。

$$Q_t(S_t,A_t)=(1-\alpha)Q_{t-1}(S_t,A_t)+\alpha[R(S_t,A_t)+\gamma\max_{A_{t+1}\in\psi}Q_{t-1}(S_{t+1},A_{t+1})] \quad (6.8)$$

在公式 6.8 中，α 和 $\gamma\in(0,1]$，分别代表学习率和折扣率。如果 γ 接近于 0，则智能体将趋向于只考虑当前的奖励。如果 γ 趋向于 1，则车辆将更加注重考虑远期的奖励，从而延迟获得奖励。

上述算法被用于车辆从经验中学习。通过不断地训练，优化 Q 矩阵，强化车辆的"大脑"，最终使得车辆能够按照最佳的动作序列来到达目标状态。

训练结束后，车辆根据 Q 矩阵，简单地跟踪状态序列，从初始状态到目标状态，从 Q 矩阵中选取当前状态对应的 Q 值最高的动作来执行。

$$A_{t+1} \in \arg\max_{A_t \in \psi}[Q(S_t, A_t)] \qquad (6.9)$$

6.5 仿真与评价

6.5.1 仿真设置与参数

假设元胞长度为 3.5m，最高车速 v_{max} 为 5cell/s（63km/h），每辆车有 6 个离散的车速，从 0 到 5cell/s，分别表示 0，1.6，25.2，37.8，50.4 和 63.0km/h。交叉口上游道路长度 L_{up} 为 40 个元胞（即 140m），交叉口下游道路元胞数量 L_{down} 为 20（即 70m）。因此，仿真平台长度为 64 个元胞（即 224m）。信号周期 T_{cycle} 为 80s，绿灯时长 T_{green} 为 37s。因此，Q 矩阵的大小为 41×80，子矩阵的大小为 3×6。学习率 α 和折扣率 γ 均设置为 0.5。当车辆停车时，负奖励（惩罚）R_{stop} 为 500，否则 R_{stop} 为 0。对 CO_2 总排放的奖励 R_{final} 根据公式 6.10 计算。

$$R_{final} = \begin{cases} 0, & CO_2 \in [180\text{或更大}] \\ 500, & CO_2 \in [160,180) \\ 1000, & CO_2 \in [140,160) \\ 1500, & CO_2 \in [120,140) \\ 2000, & CO_2 \in [100,120) \\ 2500, & CO_2 \in [80,100) \\ 3000, & CO_2 \in [80\text{或更小}] \end{cases} \qquad (6.10)$$

式中，CO_2 表示车辆沿着长度为 224m 的仿真平台从第一个元胞到最后一个元胞产生的总的 CO_2 排放（g）。

在训练开始前，先在仿真平台上随机运行 10000 次，来确定公式 6.10。运行结果显示总的 CO_2 排放范围为从 55 到 288g。只有少数时候 CO_2 排放高于 180g 或低于 80g。因此将 80g 和 180g 设置为临界值，基于此，将总的排放模式分割为如公式 6.10 所示的 7 个部分。

由于 CO_2 成分在废弃排放的成分中占主导地位。因此，本研究只选择 CO_2 作为仿真的奖励方案。一旦车辆完成其在仿真平台上的运行，车辆将直接获得奖励，该奖励基于仿真平台上的 CO_2 排放量。总的 CO_2 排放量是每一个仿真秒的 CO_2 排放量的总和（g/s），取决于车辆的实时操作模式。在机动车排放模拟器（MOVES）中，车辆的操作模式根据车辆速度、加速度和车辆功率系数（VSP）被分为 23 种类型。VSP 是单位车辆质量的瞬时牵引力，它由空气阻力、加速率、滚动阻力、坡度和车辆质量决定。轻型车的 VSP 计算公式如公式 6.11 所示：

$$VSP = v \times [1.1a + 9.81\text{grade}(\%) + 0.132] + 0.000302v^3 \qquad (6.11)$$

式中，v 表示车辆速度（m/s），a 表示车辆的加速率（m/s²），坡度（%）是车辆垂直上升的距离除以坡长。在本研究中，坡度假设为 0。

在这项研究中，该车被假定为一个 5 年车龄的汽油轻型客车，废气排放率按照 MOVES 中的 23 种操作模式来计算。废气排放主要包含 4 部分，即 CO_2、CO、HC 和 NO_x。

在 MOVES 模型中，尾气排放率随着车辆实时操作模式的不同而不同。更具体地说，最低的废气排放率在模式 0 和 1 中被观察到，分别为制动/减速和怠速状态。模式 0 被定义为车辆加速度 a 等于或者小于-0.89m/s²（-2mi/h/s），或者连续小于-0.45 m/s²(-1mi/h/s)超过 3 秒。模式 1 是指车辆速度 v 介于-1.61 和+1.61km/h（[-1, 1]mph）。其余的模式可以分成三个速度区间：1.61 到 40.23km/h（[1, 25]mph）的低速区，40.23 到 80.47km/h（[25,50]mph）的中速区，以及车速高于 80.47km/h（50mph）的高速区。在每一个速度分区内，平均排放率随着 VSP 的增加而增加。最高的排放率在每个速度分区内对应于较高的 VSP。车辆总排放是每一秒的尾气排放率的总和[79]。

6.5.2 训练过程

在每一次训练中，Q 矩阵的总值会在车辆探索一个随机动作序列后改变。改变的数量取决于 R_{stop}，R_{final} 和上一个时间步的 Q 矩阵。

图 6.3 显示了 Q 矩阵总值的变化。从中可以看出 Q 值首先下降然后随着训练次数的增加逐渐上升。Q 值下降是因为开始的时候 Q 矩阵为 0，一旦车辆停车，它就会收到一个惩罚（$R_{stop} = -500$）。随着训练次数的增加，车辆从 $R_{final} \in [0, 3500]$ 收到越来越多的奖励，伴随着 Q 值的增加。训练足够多的次数后，Q 值将趋向于某个固定值（本例中为 4.3×10^6）。Q 值的变化过程和该固定值取决于奖励的设置。

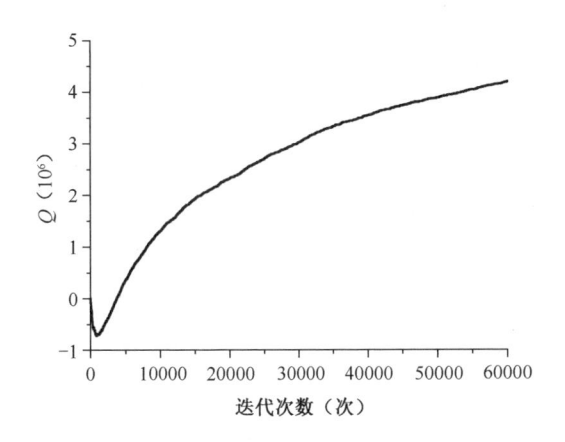

图 6.3 Q值随着训练次数的增加的变化

6.5.3 交叉口仿真与评价

评价结果从三个角度来分析：随机驾驶行为、普通驾驶行为和生态驾驶行为。随机驾驶行为意思是指在任意时刻，期望动作 A'_t 随机分配+1，0 和-1。普通驾驶行为意思是指车辆按照 Nagel-Schreckenberg 规则来运动，即在任意时刻，A_t' 始终为+1，对应于车辆始终都有按照期望车速（v_{max}）来行驶的愿望。生态驾驶行为是指在任意时刻，车辆根据 Q 矩阵中的子矩阵里的每一列里面的最大值来选择相应的 A_t' 作为自己的动作。考虑到车辆的位置、速度和信号灯，可以得到真正的 A_t。车辆选择 A_t 来更新速度和位置。

三种驾驶模式的仿真结果分别被命名为：随机驾驶、普通驾驶和生态驾驶。每种驾驶行为的性能评估如表 6-1 所示。

表 6-1 不同驾驶行为在交叉口处的表现

行为 指标	随机 驾驶	普通 驾驶	生态 驾驶	普通驾驶 vs. 随机驾驶 (%)	生态驾驶 vs. 随机驾驶 (%)	生态驾驶 vs. 正常驾驶 (%)
CO_2 (g)	123.81	90.00	86.06	27.31	30.49	4.38
CO (g)	1.89	1.69	1.43	10.58	24.34	15.39
HC (mg)	11.97	10.73	8.87	10.36	25.90	17.34
NO_x (mg)	44.31	36.85	31.24	16.84	29.50	15.22
停车时间 (s)	13.16	11.46	4.30	12.92	67.36	62.48
行程时间 (s)	45.08	25.86	25.19	42.64	44.12	2.60
交叉口停车率 (%)	47.23	46.30	84.45	1.97	78.80	82.4

表 6-1 显示了生态驾驶整体性能的优越性。经过训练后，按照生态驾驶行为来驾驶的车辆尾气排放（CO_2, CO, HC 和 NO_x）分别下降了 30.49%、24.34%、25.90%和 29.50%。车辆停车时间从 13.16s 缩短到 4.30s，通过仿真平台的行程时间从 45.08s 减少到 25.19s，提高了 44.12%。不停车通过交叉口的比例从 47.23%提高到了 84.45%，明显提高了 78.80%。这意味着，车辆有更高的可能性在绿灯的状态下到达交叉口停车线。

显然，与普通驾驶行为相比，生态驾驶能够减少所有类型的废气排放指标。CO，HC 和 NO_x 分别下降了 15.39%、17.34 和 15.22%，CO_2 排放量相对减少了 4.38%。同时，普通驾驶行为的停车时间为 11.46s，而生态驾驶行为的停车时间仅为 4.3s，减少的 62.48%的停车时间可以防止不必要的废气排放。

还有一个有趣的现象是，生态驾驶的行程时间要少于普通驾驶。这意味着在本例中生态驾驶并不是通过牺牲速度来减少废气排放。这是因为在生态驾驶行为模式下，如果车辆按当前车速不能在路灯时通过交叉口停车线，它会选择减速，哪怕它此时为最高车速。这样，当车辆到达交叉口停车线时，信号灯有可能将变成绿灯。因此，车辆能够不停车通过交叉口，从而减少行程时间。

图 6.4 显示了不同驾驶模式（随机驾驶，普通驾驶和生态驾驶）下四种废气排放成分（CO_2, CO, HC 和 NO_x）在不同区间的频率分布。

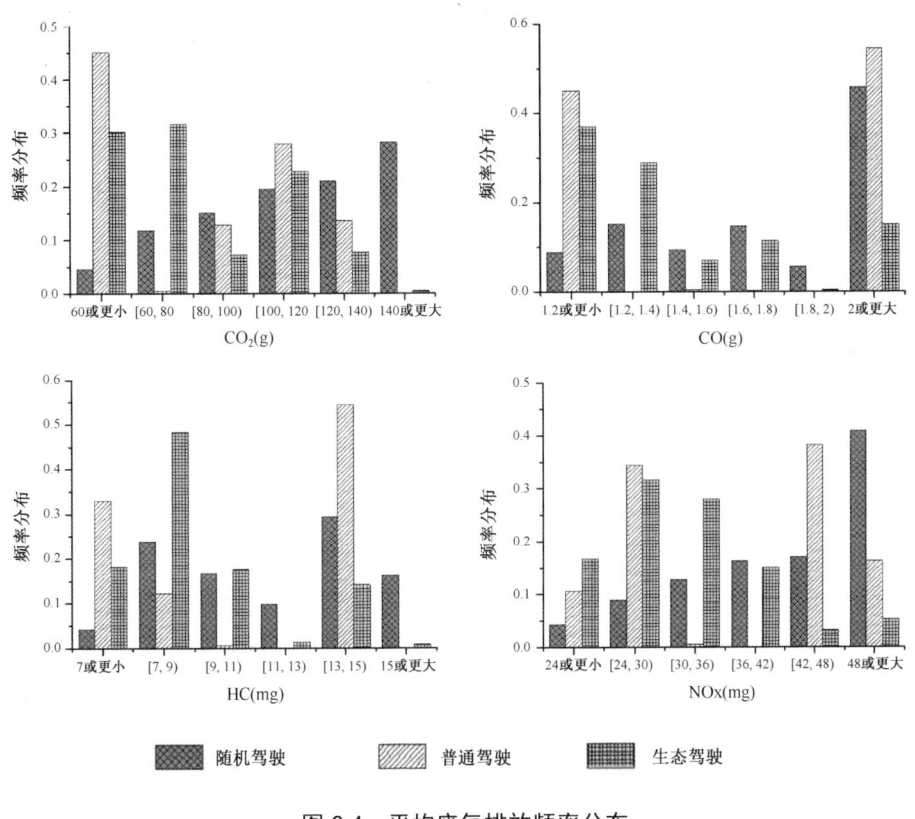

图 6.4　平均废气排放频率分布

图 6.5 显示了行程时间的频率分布。每种驾驶模式的最小行程时间大约都为 12s。随机驾驶模式下行程时间 15s 有最大的频率约为 0.03。普通驾驶和生态驾驶下的行程时间分布频率基本相同，最大行程时间约为 58s，出现最多的

行程时间为13s，分布频率为0.35。

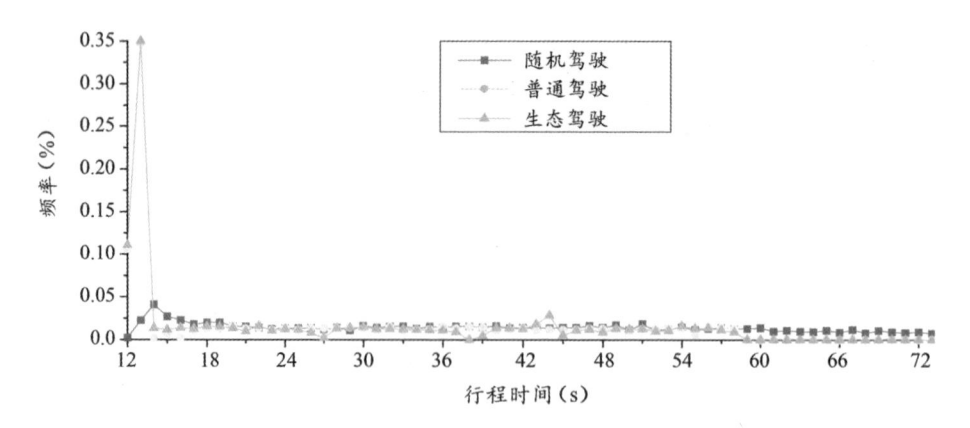

图 6.5 行程时间的频率分布图

图 6.6 显示了 φ_0=65s 时的车辆行驶轨迹，当车辆出发时，绿灯剩余时间为 15s。这里生态驾驶意味着优化的轨迹，而普通驾驶接近于现实的轨迹。对普通驾驶来说，车辆按照期望车速 5 cell/s (63.0 km/h)行驶，靠近交叉口时由于红灯，迅速减速。车辆将在交叉口停留 8s，重新启动。然而，对于生态驾驶，车辆出来后将减速，用较低的车速前进，从而避免在交叉口遇到红灯。在本例中，生态驾驶的行程时间为 21s，而普通驾驶的行程时间为 22s。

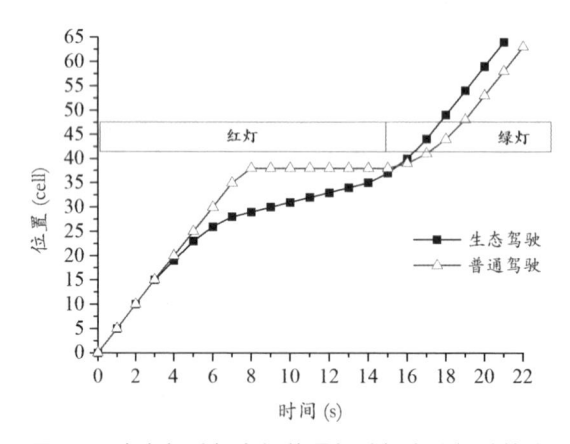

图 6.6 生态驾驶行为与普通驾驶行为的行驶轨迹

6.5.4 路网仿真与评价

本节将上述训练好的 Q 矩阵应用于中等规模路网,以进一步验证基于强化学习的生态驾驶策略的有效性。该路网以美国得克萨斯南方大学周边道路为基础,共包含 88 条道路和 23 个交叉口,如图 6.7 所示。

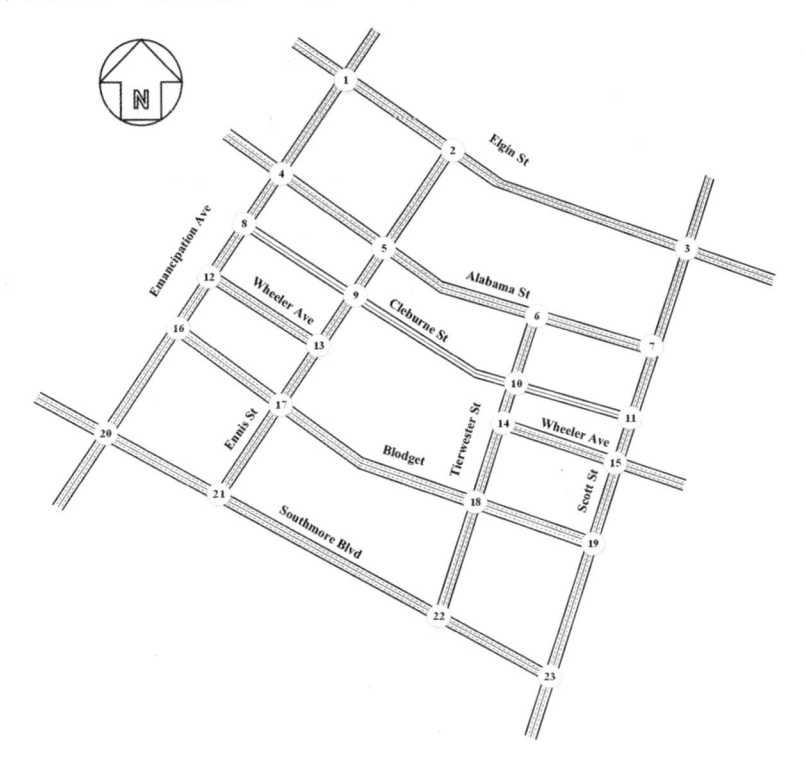

图 6.7 得克萨斯南方大学周边路网

根据本书前面几章介绍的元胞自动机模型,对该路网进行模型构建,如图 6.8 所示。假设路网中的高峰小时流量为 5000 辆,分别从路段 71、73、76、77、80、81、84、86 和 88 进入路网,从路段 72、74、75、78、79、82、83、85 和 87 离开路网。分别对普通驾驶和生态驾驶两种模式进行仿真。

每辆车的平均二氧化碳排放量(CO_2)、废气排放量(CO、HC 和 NOx)、停车持续时间、行程时间和停车次数如表 6-2 所示。

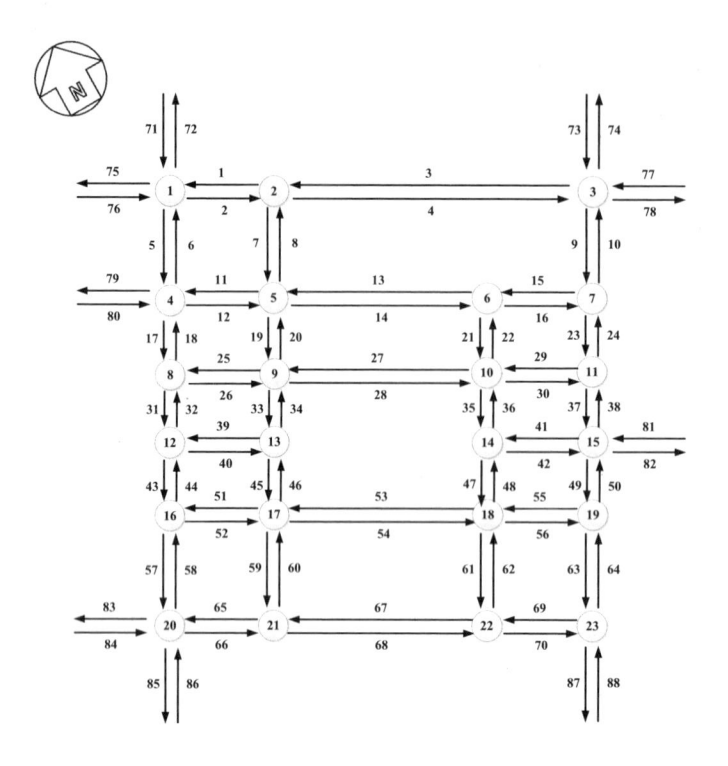

图 6.8　仿真平台路网结构与编号

表 6-2　不同驾驶行为在路网中的表现

驾驶行为 指标	普通驾驶	生态驾驶	生态驾驶 vs.正常驾驶 (%)
CO_2 (g)	2.27×10^3	2.08×10^3	8.37%
CO (g)	43.20×10^3	37.9×10^3	12.27%
HC (mg)	273.21	238.24	12.80%
NO_X (mg)	1.14×10^3	1.02×10^3	10.53%
停车时间 (s)	65.55	46.92	28.42%
行程时间 (s)	368.27	379.46	-3.03%
交叉口停车率 (%)	2.27	2.10	7.50%

与普通驾驶模式相比,生态驾驶策略可以改善除行程时间以外的大多数指标。排放量减少约 10.0%,停车持续时间和停车次数分别减少了 28.4%和 7.5%。与普通驾驶模式相比,行程时间增加了 3.0%,这是因为生态驾驶行为使得车辆提前减速,从而影响到后面车辆的速度。

参考文献

[1] 高自友，龙建成，李新刚. 城市交通拥堵传播规律与消散控制策略研究[J]. 上海理工大学学报，2011，33(06):701-708+508.

[2] 李新刚. 基于元胞自动机模型的交通系统微观建模与特性研究[D]. 北京：北京交通大学，2010.

[3] 贾斌，高自友，李克平，等. 基于元胞自动机的交通系统建模与模拟[M]. 北京：科学出版社，2007.

[4] WOLFRAM S. Statistical mechanics of cellular automata [J]. Reviews of Modern Physics, 1983, 55(3): 601-644.

[5] NAGEL K, SCHRECKENBERG M. A cellular automaton model for freeway traffic [J]. Journal de Physique I, 1992, 2(12): 2221-2229.

[6] BIHAM O, MIDDLETON A A, LEVINE D. Self organization and a dynamical transition in traffic flow models [J]. Physical Review A, 1992, 46(10): 6124-6127.

[7] NAGEL K, PACZUSKI M. Emergent traffic jams [J]. Physical Review E, 1995, 51(4): 2909-2918.

[8] TAKAYASU M, TAKAYASU H. 1/f noise in a traffic model [J]. Fractals, 1993, 1(04): 860-866.

[9] BENJAMIN S C, JOHNSON N F, HUI P M. Cellular automata models of traffic flow along a highway containing a junction [J]. Journal of Physics A: Mathematical and General, 1996, 29(12): 3119-3127.

[10] BARLOVIC R, SANTEN L, SCHADSCHNEIDER A, et al. Metastable states in cellular automata for traffic flow [J]. The European Physical Journal B-Condensed Matter and Complex Systems, 1998, 5(3): 793-800.

[11] FUKUI M, ISHIBASHI Y. Traffic flow in 1D cellular automaton model

including cars moving with high speed [J]. Journal of the Physical Society of Japan, 1996, 65(6): 1868-1870.

[12] LI X B, WU Q S, JIANG R. Cellular automaton model considering the velocity effect of a car on the successive car [J]. Physical Review E, 2001, 64(6): 066128.

[13] NAGATANI T. Self-organization and phase transition in traffic-flow model of a two-lane roadway [J]. Journal of Physics A: Mathematical and General, 1993, 26(17): L781-L787.

[14] NAGATANI T. Dynamical jamming transition induced by a car accident in traffic-flow model of a two-lane roadway [J]. Physica A: Statistical Mechanics and Its Applications, 1994, 202(3): 449-458.

[15] RICKERT M, NAGEL K, SCHRECKENBERG M, et al. Two lane traffic simulations using cellular automata [J]. Physica A: Statistical Mechanics and Its Applications, 1996, 231(4): 534-550.

[16] CHOWDHURY D, WOLF D E, SCHRECKENBERG M. Particle hopping models for two-lane traffic with two kinds of vehicles: Effects of lane-changing rules [J]. Physica A: Statistical Mechanics and Its Applications, 1997, 235(3): 417-439.

[17] WAGNER P, NAGEL K, WOLF D E. Realistic multi-lane traffic rules for cellular automata [J]. Physica A: Statistical Mechanics and Its Applications, 1997, 234(3): 687-698.

[18] NAGEL K, WOLF D E, WAGNER P, et al. Two-lane traffic rules for cellular automata: A systematic approach [J]. Physical Review E, 1998, 58(2): 1425-1437.

[19] KNOSPE W, SANTEN L, SCHADSCHNEIDER A, et al. Disorder effects in cellular automata for two-lane traffic [J]. Physica A: Statistical Mechanics and Its Applications, 1999, 265(3): 614-633.

[20] KNOSPE W, SANTEN L, SCHADSCHNEIDER A, et al. A realistic two-lane

traffic model for highway traffic [J]. Journal of Physics A: Mathematical and General, 2002, 35(15): 3369.

[21] JIA B, JIANG R, WU Q S, et al. Honk effect in the two-lane cellular automaton model for traffic flow [J]. Physica A: Statistical Mechanics and Its Applications, 2005, 348: 544-552.

[22] NAGEL K, WOLF D E, WAGNER P, et al. Two-lane traffic rules for cellular automata: A systematic approach [J]. Physical Review E, 1998, 58(2): 1425.

[23] PEDERSEN M M, RUHOFF P T. Entry ramps in the Nagel-Schreckenberg model [J]. Physical Review E, 2002, 65(5): 056705.

[24] DAOUDIA A K, MOUSSA N. Numerical simulations of a three-lane traffic model using cellular automata [J]. Chinese Journal of Physics, 2003, 41(6): 671-681.

[25] SIMON P M, GUTOWITZ H A. Cellular automaton model for bidirectional traffic [J]. Physical Review E, 1998, 57(2): 2441-2444.

[26] NISHINARI K, TAKAHASHI D. Analytical properties of ultradiscrete Burgers equation and rule-184 cellular automaton [J]. Journal of Physics A, 1998, 31(24):5439-5450.

[27] NISHINARI K, TAKAHASHI D. A new deterministic CA model for traffic flow with multiple states [J]. Journal of Physics A. 1999, 32(1):93-104.

[28] NISHINARI K, TAKAHASHI D. Multi-value cellular automaton models and metastable states in a congested phase [J]. Journal of Physics A, 2000, 33(43):7709-7720.

[29] MATSUKIDAIRA J, NISHINARI K. Euler-Lagrange correspondence of generalized Burgers cellulat automaton [J]. International Journal of Modern Physics C, 2001, 15(4):507-515.

[30] NISHINARI K. A Lagrange representation of cellular automaton traffic-flow models [J]. Journal of Physics A, 2001, 34(48):10727-10736.

[31] JIA B, LI X G, JIANG R, et al. Multi-value cellular automata model for

mixed bicycle flow [J]. The European Physical Journal B, 2007, 56(3):247-252.

[32] MALLIKARJUNA C, RAO K R. Cellular automata model for heterogeneous traffic [J]. Journal of Advanced Transportation, 2010, 43(3):321-345.

[33] ZHAO X M, JIA B, GAO Z Y, et al. Traffic interactions between motorized vehicles and nonmotorized vehicles near a bus stop [J]. Journal of Transportation Engineering, 2009, 135(11):894-906.

[34] ZHAO X M, JIA B, GAO Z Y, et al. Congestions and spatiotemporal patterns in a cellular automaton model for mixed traffic flow[C]//2008 Fourth International Conference on Natural Computation. IEEE, 2008, 7: 425-429.

[35] MENG J P, DAI S Q, DONG L Y, et al. Cellular automaton model for mixer traffic flow with motorcycles [J]. Physica A, 2007, 380(1):470-480.

[36] SCHADSCHNEIDER A, SCHRECKENBERG M. Cellular-automaton models and traffic flow [J]. Journal of Physics A: Mathematical and General, 1993, 26(15): L679-L683.

[37] 谢东繁. 基于微观模型的城市道路交通流若干典型问题研究[D]. 北京：北京交通大学，2010.

[38] SCHADSCHNEIDER A, SCHRECKENBERG M. Car-oriented mean-field theory for traffic flow models [J]. Journal of Physics A: Mathematical and General, 1997, 30(4): L69-L75.

[39] SCHRECKENBERG M, SCHADSCHNEIDER A, NAGEL K, et al. Discrete stochastic models for traffic flow [J]. Physical Review E, 1995, 51(4): 2939-2949.

[40] WANG B H, WANG L, HUI P M, et al. Analytical results for the steady state of traffic flow models with stochastic delay [J]. Physical Review E, 1998, 58(3):2876-2882.

[41] 王雷. 一维交通流元胞自动机模型中自组织临界性及相变行为的研究[D]. 合肥：中国科学技术大学，2000.

[42] DING Z J, SUN X Y, LIU R R, et al. Traffic flow at a signal controlled t-shaped intersection [J]. International Journal of Modern Physics C, 2010, 21(03): 443-455.

[43] RUSKIN H J, WANG R L. Modeling traffic flow at an urban unsignalized intersection[C]. Computational Science — ICCS 2002. Springer Berlin Heidelberg, 2002: 381-390.

[44] WANG R L, RUSKIN H J. Modelling traffic flow at a multilane intersection[C]. Computational Science and Its Applications—ICCSA 2003. Springer Berlin Heidelberg, 2003: 577-586.

[45] FOULADVAND M E, SADJADI Z, SHAEBANI M R. Characteristics of vehicular traffic flow at a roundabout [J]. Physical Review E, 2004, 70(4): 046132.

[46] WU Q S, LI X B, HU M B, et al. Study of traffic flow at an unsignalized T-shaped intersection by cellular automata model [J]. The European Physical Journal B-Condensed Matter and Complex Systems, 2005, 48(2): 265-269.

[47] NAGATANI T. Anisotropic effect on jamming transition in traffic-flow model [J]. Journal of the Physical Society of Japan, 1993, 62(8): 2656-2662.

[48] NAGATANI T. Jamming transition in the traffic-flow model with two-level crossings [J]. Physical Review E, 1993, 48(5): 3290-3294.

[49] GU G Q, CHUNG K H, HUI P M. Two-dimensional traffic flow problems in inhomogeneous lattices[J]. Physica A: Statistical Mechanics and Its Applications, 1995, 217(3): 339-347.

[50] 丁建勋, 王霓裳, 石琴. 考虑立交桥构型的二维交通流 BML 模型[J]. 交通运输系统工程与信息, 2011, 11(06):98-103.

[51] CUESTA J A, MARTÍNEZ F C, MOLERA J M, et al. Phase transitions in two-dimensional traffic-flow models [J]. Physical Review E, 1993, 48(6): R4175-R4178.

[52] NAGATANI T. Effect of jam-avoiding turn on jamming transition in two-dimensional traffic flow model [J]. Journal of the Physical Society of Japan, 1994, 63(4): 1228-1231.

[53] BENYOUSSEF A, CHAKIB H, EZ-ZAHRAOUY H. Anisotropy effect on two-dimensional cellular-automaton traffic flow with periodic and open boundaries [J]. Physical Review E, 2003, 68(2): 026129.

[54] DING Z J, JIANG R, WANG B H. Traffic flow in the Biham-Middleton-Levine model with random update rule [J]. Physical Review E, 2011, 83(4): 047101.

[55] CHUNG K H, HUI P M, GU G Q. Two-dimensional traffic flow problems with faulty traffic lights [J]. Physical Review E, 1995, 51(1): 772-774.

[56] FENG S W, GU G Q, DAI S Q. Effects of traffic lights on CA traffic model [J]. Communications in Nonlinear Science and Numerical Simulation, 1997, 2(2): 70-74.

[57] TÖRÖK J, KERTÉSZ J. The green wave model of two-dimensional traffic: Transitions in the flow properties and in the geometry of the traffic jam [J]. Physica A: Statistical Mechanics and Its Applications, 1996, 231(4): 515-533.

[58] 孙舵，汪秉宏. 红绿灯周期对二维交通流的影响及平均场理论[J]. 吉林大学学报（工学版），2009，39(S2):80-82.

[59] DING Z J, JIANG R, LI M, et al. Effect of violating the traffic light rule in the Biham-Middleton-Levine traffic flow model [J]. EPL (Europhysics Letters), 2012, 99(6): 68002.

[60] SUI Q H, DING Z J, JIANG R, et al. Slow-to-start effect in two-dimensional traffic flow [J]. Computer Physics Communications, 2012, 183(3): 547-551.

[61] NAGATANI T. Anisotropic dffect on jamming transition in traffic-flow model [J]. Journal of the Physical Society of Japan, 1993, 62(8):2656-2662.

[62] FOULADVAND M E, SADJADI Z, SHAEBANI M R. Optimized traffic flow

at a single intersection: traffic responsive signalization [J]. Journal of Physics A, 2004, 37(3):561-576.

[63] MOLERA J M, MARTINEZ F C, CUESTA J A. Theoretical approach to two-dimensional traffic flow models [J]. Physical Review E, 1995, 51(1):175-187.

[64] LAN L W, CHANG C W. Inhomogeneous cellular automata modeling for mixed traffic with cars and motorcycles [J]. Journal of Advanced Transportation, 2005, 39(3):323-349.

[65] 丁中俊. 元胞自动机交通流模型中的相变现象和解析研究[D]. 合肥：中国科学技术大学，2012.

[66] CHOWDHURY D, SCHADSCHNEIDER A. Self-organization of traffic jams in cities: Effects of stochastic dynamics and signal periods [J]. Physical Review E, 1999, 59(2): R1311-R1314.

[67] SCHADSCHNEIDER A, CHOWDHURY D, BROCKFELD E, et al. A new cellular automata model for city traffic [J]. Traffic and Granular Flow'99. Springer Berlin Heidelberg, 2000: 437-442.

[68] BROCKFELD E, BARLOVIC R, SCHADSCHNEIDER A, et al. Optimizing traffic lights in a cellular automaton model for city traffic [J]. Physical Review E, 2001, 64(5): 056132.

[69] 施俊庆，程琳，褚昭明，等. 城市路网交通流元胞自动机模型研究[J].公路交通科技，2015，32(04):143-149.

[70] 黄海军. 道路交通流与网络交通流的研究现状与发展趋势[C]. 国家杰出青年科学基金实施十周年学术报告会摘要汇编，2004.

[71] 赵雅辉. 基于强化学习的城市道路突发事件拥堵疏导决策方法研究[D]. 金华：浙江师范大学，2020.

[72] 施俊庆，程琳，胡永举，等. 基于元胞自动机模型的城市路网交通流仿真设计方法：CN104298829B[P].2017-04-12.

[73] 施俊庆，李志强，李素兰，等. 考虑双向交通的城市路网交通流元胞自

动机模型[J]. 交通运输系统工程与信息，2017，17(02): 90-96.

[74] 李素兰，张谢东，施俊庆，等. 信号控制交叉口交通流建模与通行能力分析[J]. 公路交通科技，2017，34(12):108-114.

[75] 龙建成. 城市道路交通拥堵传播规律及消散控制策略研究[D]. 北京：北京交通大学博士学位论文，2009.

[76] SHI J Q, QIAO F X, LI Q, et al. Application and Evaluation of the Reinforcement Learning Approach to Eco-Driving at Intersections Under Infrastructure-to-Vehicle Communications [J]. Transportation Research Record, 2018, 2672.

[77] 施俊庆，胡永举，邱欣，等. 基于强化学习的城市道路交叉口生态驾驶行为优化方法：CN108182812B[P],2020-01-21.

[78] 夏顺娅. 混行条件下智能网联车辆行驶轨迹与交叉口协同控制研究[D].金华：浙江师范大学，2021.

[79] 李素兰，张谢东，施俊庆，等. 基于机动车排放的交叉口信号控制仿真与分析[J]. 交通运输系统工程与信息，2019，19(04):72-78.

[80] 施俊庆. 交通事件影响下的城市路网拥堵特性及控制方法研究[D]. 南京：东南大学，2014.

后　记

　　本书以作者的博士学位论文为基础，按出版要求进行了增删和修改。本人的博士学位论文是在我尊敬的导师东南大学程琳教授的悉心指导下完成的。程老师正直、严谨的治学态度，精益求精、开拓创新的科研精神以及温文儒雅、虚怀若谷的学者风范使我终身受益，并激励、指引我在以后的工作中不断进取。在此，谨向敬爱的程老师表示衷心的感谢！

　　感谢我硕研期间的导师北京交通大学的朱晓宁教授，朱老师以其渊博的学识、严谨治学的作风、诲人不倦的长者风范和博大的胸怀将我引入交通科学研究的神圣殿堂。

　　感谢我在美国得克萨斯南方大学访学期间的合作导师于雷教授，于老师一丝不苟的治学态度，雷厉风行的工作作风，和蔼可亲的长者风范，对我论文逐字逐句的修改，都让我受益终生。

　　本书在撰写过程中，参阅了大量的国内外著作、论文，对这些文献的作者表示诚挚的谢意！交通流理论的研究和探索永无止境，由于学识和能力水平有限，本书可能存在不少缺陷和不足之处，诚恳希望读者、朋友和专家不吝赐教，给予批评指正。